はじめて学ぶ

スポーツ政策

時本 識資・田畑 亨・内藤 正和 著

アイオーエム

はじめに

　戦後の平和と繁栄の中に育った私たちは、日本という国が世界の中でも先進国であり、アジアの一員というより世界の一員という意識が強いのではないだろうか。経済、政治、教育等の社会の領域において制度的には十分でなくても、私たちは経済的豊かさ、法の下の平等、教育の機会均等などの先進国の理念を享受してきたように思われる。欧米先進国に比べて遜色ない社会環境にあるという、平均的な意識が私たちの生き方の根底にあり、幸せや豊かさの実感が相対的な尺度により決定されてきているように思われてならない。

　ここ数十年の間に、私たち日本人は阪神淡路大震災、東日本大震災、熊本地震などの災害でこれまで経験したことがない体験をした。その度に、私たちは教訓を語り、不十分ながらもその問題点を指摘してきた。しかしながら、処理場のない原発は相も変わらず津波の危険性のある沿岸部に設置され、科学を根拠とした基準によって再稼働が認められているのも現実である。

　私たちは何を求めているのだろうかと問わずにはいられない。幸せや豊かさは万人が求める普遍的価値であるなら、そこからはじめる必要があるのが今日の情況ではないだろうか。政治、労働、教育など社会のあらゆる制度が劣化する中で、スポーツは 2020 年の東京オリンピックに向けて注目が高まるばかりであるが、本当にスポーツが私たちの生活を豊かにする文化財なのか、改めて考える必要があるときに来ているといえる。

　とりわけスポーツにかかわる事件や不祥事は連日のようにメディアの対象になっている。それが政治の舞台であったり教育の場であったりするのも今日のスポーツの姿であるといわねばならない。スポーツがこれほどまでに多様な価値をもつに至った今日において、スポーツは社会という視点を欠いて考えることはもはやできない。

　本書はスポーツを学ぶ学生がスポーツ政策を学ぶために作成されたテ

キストである。その基本的視点はスポーツ政策の基礎的な知識の習得にあるが、何よりも本書を通じてスポーツの価値について考え、私たちの幸せや豊かさに貢献できるスポーツの在り方について考えることを期待している。とりわけ、「第6章　スポーツ政策課題」では、各課題に対して結論があるわけではないが、これからのスポーツを担う学生に考えてほしいテーマを選定している。今日の学生には、日本人のスポーツに対する潔癖性と教育性についてあえて懐疑的になる姿勢が求められているのかもしれない。私たちが求めるスポーツとはどんな姿なのか、改めて考えるきっかけとなることを希望する。

筆者一同

はじめて学ぶ スポーツ政策

目次

はじめに ———————————————————— 2

第1章　スポーツ政策の基礎知識———————————— 9

1．スポーツの可能性　9
　（1）近代スポーツとは　9
　（2）現代の「近代スポーツ」　12
　（3）国が定めるスポーツの定義　13
　（4）スポーツの未熟さの露呈と課題　16

2．スポーツの公共性　21
　（1）スポーツの公共性と権利　21
　（2）市民が主体のスポーツとは　24

3．スポーツと政策　26
　（1）政策とは何か　26
　（2）政策対象としてのスポーツ　27
　（3）これまでのスポーツ行政組織と政策の流れ　31

第2章　スポーツの状況と取り巻く社会環境——————35

1．スポーツを取り巻く現状　35
　（1）スポーツの活動場所の現状　35
　（2）スポーツ人口と実施率　37
　（3）スポーツ大会の拡大　42

2．わが国が抱える社会問題とスポーツ　43
　（1）高齢社会とスポーツ　43
　（2）子どもを取り巻く環境とスポーツ　44
　（3）労働環境の変化とスポーツ　46
　（4）高度情報化社会とスポーツ　48

5

（5）環境問題とスポーツ　49

3．国際社会の変化と問題　50

（1）国際紛争の激化とスポーツ　50

（2）ボーダレス社会とスポーツ　52

（3）南北問題とスポーツ　53

第3章　スポーツの組織────────────────────55

1．日本のスポーツ行政組織　55

（1）国のスポーツ行政組織の変遷　55

（2）地方自治体のスポーツ行政組織　59

2．スポーツに関連する行政組織　61

（1）スポーツ関連省庁　61

（2）独立行政法人日本スポーツ振興センター　64

3．各競技団体の組織　65

（1）公益財団法人日本スポーツ協会　66

（2）公益財団法人日本オリンピック委員会　67

第4章　スポーツ財政────────────────────69

1．日本のスポーツ財政　69

（1）国家予算とスポーツ予算　69

（2）体力つくり関係予算　71

（3）地方のスポーツ予算　73

2．日本スポーツ振興センターとその財源　75

（1）日本スポーツ振興センターとその財源　75

（2）日本スポーツ振興センターの助成事業　75

（3）スポーツ振興くじと助成事業　76

（4）スポーツ振興基金助成・競技強化支援事業助成・
競技力向上事業助成　79

（5）助成金と透明性の確保　80

3．JOC・日本スポーツ協会と予算　82

　　　（1）JOCの財務　82

　　　（2）日本スポーツ協会の財務　82

　　　（3）補助金等と競技団体との関係について　83

第5章　スポーツと法――――――――――――――――――――85

　　1．法におけるスポーツの位置づけ　85

　　　（1）スポーツ振興の法的根拠　85

　　　（2）社会教育法からスポーツ振興法の成立過程　86

　　　（3）保健体育審議会答申の内容とその役割　89

　　2．スポーツ基本法の成立と内容　92

　　　（1）スポーツ基本法の成立　92

　　　（2）スポーツ基本法の内容　93

　　3．法律を背景としたスポーツ行政計画　96

　　　（1）スポーツ振興基本計画策定過程とその課題　96

　　　（2）スポーツ立国戦略の位置づけ　100

　　　（3）スポーツ基本計画の策定　102

　　　（4）第2期スポーツ基本計画の策定　103

第6章　スポーツ政策課題――――――――――――――――― 107

　　1．スポーツと国籍（国際大会出場をめぐる資格について）　107

　　2．障がい者スポーツとノーマライゼーション　112

　　3．スポーツボランティアの意義と活用　116

　　4．労働者としてのアスリート　121

　　5．スポーツと人権　126

　　6．地域におけるプロスポーツの役割　132

　　7．国民体育大会の可能性　137

　　8．スポーツイベント開催と地域振興の関係　143

　　9．トップアスリートの支援（育成からセカンドキャリアまで）　147

10. 大規模スタジアムの建設と維持・活用　151

11. スポーツと政治　156

12. スポーツ活動の場
　　（スポーツにおける公共と民間の境界）　160

13. 地域政策におけるスポーツの活用　166

14. スポーツでの国際協力
　　(スポーツを海外で教えることの意味)　172

15. 国際スポーツ大会からみる世界地図　177

16. 近代オリンピックのこれから　183

17. 政策手段としての伝統スポーツの取り扱い　190

18. スポーツとギャンブル　195

19. スポーツの広がりとライセンス（資格）　200

20. スポーツに関連する職業　205

引用参考文献 ———————————————— 212
執筆者一覧 ———————————————— 223

第1章 スポーツ政策の基礎知識

1．スポーツの可能性

（1）近代スポーツとは

　私たちはこれまでに数多くのスポーツを経験し、現在もスポーツを楽しみや余暇活動の一つとして、生活の一部に取り込んでいる人は多い。例えば昨今の山ガールに代表される登山者の増加傾向は、日本社会の人口構成や社会状況を反映した結果としての中高年齢者や女性のスポーツへの進出とも見ることができる。そこには、必ずしも従来の様なスピードや時間といった「競争」による楽しみだけでは、理解や説明ができない事象も多くみられる。スポーツ政策を考えるとき、これまで私たちの社会において、スポーツがどのような価値や内容をもちながらその裾野を広げてきたのか、ここから考えをはじめなければならない。

　そもそも私たちが馴れ親しんできたサッカー、バスケット、水泳……というスポーツはどのような系譜をもつものだろうか。私たちはこれらスポーツをしている時、そして見ている時、常に誰が早いのか、どれくらい早いのか、また強いのかといった見方をしてきた。これは何もテレビでオリンピックやワールドカップを見ている時に限らず、学校や地域でのスポーツについてもまた、同じ見方をしてきたのではないか。オリンピックでのスポーツの見方と地域でのスポーツは同じ視点で分析され、評価され、実施されているともいえる。なぜ私たちの日常的なスポーツ活動が往々にしてオリンピックと同じ視点でしか語られないのだろうか。私たちが行う日常的なスポーツがオリンピックや世界大会を目指して活動をしているわけではないのにである。

　そこで、私たちが行っているスポーツの歩みを振り返りながら考えてみることにする。今日、オリンピックに代表されるスポーツ種目の数々

は、近代において誕生し発展してきたスポーツという意味で、近代スポーツと呼ばれている。近代スポーツを誕生させ発展させてきたイギリスを中心とするヨーロッパでは、スポーツは仕事とは対極の活動であり、その本質は気晴らし、レクレーション、娯楽・寛容さの精神によって支配されている活動とされてきた。その後17世紀末からのイギリスの産業革命、フランスの市民革命など、国家体制の変革や近代市民主義の台頭は、社会のあらゆる事項の変革を迫り、スポーツもまたそこに包含されていった。とりわけ、イギリスの産業革命は科学主義を中心として産業構造の変革と資本主義の形成を促すことになった。またフランス革命は自由・平等・博愛に代表されるように基本的人権の思想を生みだすことになった。

　このような社会の大きな変革の流れの中で、中世の時代に貴族という特権階級に占有されていたスポーツは、産業革命により市民に開放されていくことになる。そのスポーツの担い手は、地方から都市部に流入した労働者と資本形成により富を手にすることが可能となったブルジョアジーであった。産業革命による労働者の都市への流入は、急速な都市化と治安の悪化を招くこととなった。近代において労働者が担ったスポーツは、それまでの中世において特権階級の貴族によっておこなわれていた狩猟や騎馬擬戦などのスポーツではなく、ブラッドスポーツと呼ばれるボクシング、闘鶏、闘犬などであった。また、祝祭日におこなわれたストリート・フットボールなどは参加者・観衆の暴徒化を招き、社会の治安の悪化はスポーツによっても加速化されていき、スポーツが社会秩序の混乱を招くとの理由で禁止される事も多かった。

　その一方で、1850年代になって、パブリック・スクールのラグビー校でスポーツが黙認されることによって、青少年の有効な教育手段としてスポーツの価値が認められ、その後スポーツが教育の重要な領域として位置づけられ、教育活動として奨励されていった。このことにより学校間の対抗試合での統一ルール制定の必然性が生じ、国内ルールの制定、ヨーロッパの大国の植民地支配によるスポーツの輸出などにより、世界

第1章　スポーツ政策の基礎知識

的規模でのルールの統一やスポーツを統括するスポーツの国際組織を誕生させることにつながっていった。

　また近代社会の進展とともにスポーツの大衆化も顕著にみられた。この背景には、都市部の労働者の所得向上と労働時間の短縮による余暇時間の増大が大きな理由としてあげられる。さらに鉄道という社会インフラの整備は、スポーツの交流をより可能にさせ、興行（見世物）としてのスポーツを一気に進展させた。近代の工業化は、ゴムの製造開発によるボールの誕生や、タイヤの開発による自転車の誕生・普及などスポーツ用具の改良や開発に寄与し、大量生産により、多くの市民により安価なスポーツ用品の供給を可能とした。このことが多くのスポーツ愛好家を誕生させることにもなった。

　第一次大戦以降のスポーツは、科学との関係を深く結んでいくことになった。この背景には、国家の代表である選手がオリンピックで活躍し、メダルを獲得することが国家意識の高揚につながるとするスポーツへの政治からの要請があったといえる。メダルを獲得できる選手を育成するという価値意識は、スポーツをトレーニングの科学化や運動のメカニズムの解明といった方向に深化させていくことになった。第二次世界大戦以降において競技力向上に貢献するスポーツ科学は、一つの学問としての位置を占めるまでになった。そのスポーツ科学の内容は、もっぱら競技力の向上に寄与するスポーツの自然科学領域の学問という意味で、スポーツ医科学と同義に扱われ、自然科学を中心とする視点からスポーツを解明しようとする動きであった。これは前述したように、スポーツ科学が「より速く、より高く、より強く」とする近代の価値を既定概念として、競技スポーツにおけるアスリートを育成するための科学であったからに他ならないからである。

（2）現代の「近代スポーツ」

　近代スポーツ誕生の初期においては、近代の産業技術の技術転用がスポーツの拡大に大きく寄与したが、スポーツと科学の密接な関係は、スポーツによる新たな産業領域を生むことにもつながった。例えば、空気抵抗の少ない水泳着やスキーウェア、反発力のある競技場の開発、スポーツで生じた傷害・障害に対して医療的な処置をするスポーツ医学（スポーツ整形、スポーツ外科など）など、競技力を最高に引き上げ、最高のパフォーマンスを発揮させるための技術、学問がスポーツから生まれてきているのが今日の姿でもある。

　このような科学に支えられたスポーツは、とりもなおさずトップアスリートによって繰り広げられる競技スポーツに他ならず、私たちが日常的に行っているいわゆる市民スポーツとは異なるものである。

　近代社会の初期におけるスポーツとは、多くの市民により行われ、そのうちの一部競技力に秀でた者が競技スポーツにかかわり、チャンピオンスポーツを支える競技者として存在していた。これは、スポーツが競技力という高さによって構成され、多くの競技者の存在によって高い競技力を有した少数の競技者の存在が保証されるというピラミッドモデルによって説明されてきたことに他ならない。

　しかしながら、皮肉にも近代スポーツの発展に寄与してきた科学は、この構造を大きく変更させることになった。科学の進展は、優秀な競技者を誕生させるために、年齢的に初期の段階で将来の身体の状況やその競技に必要な能力がどの程度形成されるかを予測する方法を見出し、早期のタレント発掘をもはや国家レベルで行っている。このタレント発掘によって見出された競技者は整った環境の下で、トレーニングメニューはもちろんのこと食事に至るまで科学的な管理と指導のもと、最高のパフォーマンスを予定された時期に発揮していくことを前提に育成されている。これが現代の競技スポーツ選手の育成モデルであり、ここに突発的に優秀な競技者が現れ編入されることがあっても、通常では一般市民

第1章　スポーツ政策の基礎知識

がトップアスリートになる可能性はないと言える。すなわち今日の競技スポーツの競技者は、あらゆる意味で整備された環境のもとで、細分化された多くのプロ指導者集団によって育成されたプロ競技者といえる。

　このような今日的なトップアスリートを存立させるためには多くの資金が必要なのは明らかである。その意味では今日の競技スポーツは、国家からの承認と企業からの多額の支援がなければ競技者の育成はもちろんのこと、大会の開催も不可能なのである。

　近代スポーツ誕生の初期においては、一部特権階級の占有物であったスポーツが市民に解放され、産業革命を契機とした産業技術の発展がスポーツ用具やスポーツの組織、形態に大きな影響を与えた。また、スポーツが社会の要請としての国際競技力向上を目指す中で、スポーツ科学を中心とする科学が競技者のタレント発掘に貢献し、競技者は早期の段階から選抜され育成されるという、商業主義を背景としたプロ的環境で育成された競技者のみがトップアスリートとして競技スポーツに参画することができ、スポーツをするという意味において、市民が行うスポーツとトップアスリートが行う競技スポーツは、もはや分断されているといえなくもない。

（3）国が定めるスポーツの定義

　わが国において「スポーツの価値とは？」と問われれば、百人百通りの答えとなるのは予想に難しくない。ここでは法律的な根拠としてスポーツの定義を見ることにする。1961（昭和36）年に東京オリンピックの開催を控えた中で制定されたスポーツ振興法を全面的に改正する形で2011年に制定されたスポーツ基本法の前文に、スポーツの価値（定義）を見いだすことができる。このスポーツの価値を要約すると次のようになる。

　①スポーツは、世界共通の文化である。

　②スポーツは、心身の健全な発達、健康および体力の保持増進、精神的な充足感の獲得、自律心その他の精神の涵養等のために個人又は

集団で行われる運動競技その他の身体活動である。

③国民が生涯にわたり心身ともに健康で文化的な生活を営む上で不可欠なものである。

④スポーツを通じて幸福で豊かな生活を営むことは、すべての人々の権利であり、すべての国民がその自発性の下に、各の関心、適正等に応じて、安全かつ公正な環境の下で日常的にスポーツに親しみ、スポーツを楽しみ、又はスポーツを支える活動に参画することができる機会が確保されなければならない。

⑤スポーツは次代を担う青少年の体力を向上させるとともに、他者を尊重しこれと協働する精神、公正さと規律を尊ぶ態度や克己心を培い、実践的な思考力や判断力を育む等、人格形成に大きな影響を及ぼす。

⑥スポーツは、人と人との交流および地域と地域との交流を促進し、地域の一体感や活力を醸成するものであり、人間関係の希薄化等の問題を抱える地域社会の再生に寄与する。

⑦スポーツは心身の健康の保持増進にも重要な役割を果たすものであり、健康で活力に充ちた長寿社会の実現に不可欠である。

⑧スポーツ選手の不断の努力は、人間の可能性の極限を追求する有意義な営みであり、こうした努力に基づく国際競技大会における日本人選手の活躍は、国民に誇りと喜び、夢と感動を与え、国民のスポーツへの関心を高める。

⑨スポーツは、わが国社会に活力を生み出し、国民経済の発展に広く寄与する。

⑩スポーツの国際的な交流や貢献が、国際相互理解を促進し、国際平和に大きく貢献するなど、スポーツはわが国の国際的地位の向上にも極めて重要な役割を果たす。

⑪地域におけるスポーツを推進する中から優れたスポーツ選手が育まれ、そのスポーツ選手が地域におけるスポーツの推進に寄与することは、スポーツに係わる多様な主体の連携と協働によるわが国のス

14

ポーツの発展を支える好循環をもたらす。

1961（昭和36）年のスポーツ振興法の制定から50年が経って制定されたスポーツ基本法の中で、スポーツの価値や概念がどのように変わってきたのだろうか。今日のスポーツには、「長寿社会の実現に不可欠」「社会に活力を生み出す」「国民経済の発展に広く寄与する」「国際的地位の向上に極めて重要な役割を果たす」といった新たな価値が求められている。

この変化は、戦後から今日までのスポーツの「心身の健全な発達、健康および体力の保持増進、精神的な充足感の獲得、自律心その他精神の涵養等」といった教育的な価値は変わらないものの、社会におけるスポーツの広がりが、これまでにない新たな価値を生んできたといえる。とりわけ今日の日本社会の大きな課題として、少子高齢社会、地方の疲弊、財政に占める医療費の規模など、人口構造に起因する問題が大きく横たわっている。これらの課題に対してスポーツが貢献すべきものとして、国家からの新たな要請がスポーツに求められている。この新たなスポーツへの要請は、このスポーツ基本法を根拠として、今後新たなスポーツの政策として立案され、実施されていくことが予測される。新たなスポーツへの要請はスポーツ政策の具体的な事業として実施され、多くの税金がスポーツに投下されることにより、それに連動して民間レベルでの事業が誘発されていくと想像される。

そもそもスポーツは国家の要請を中心に振興されるべきものなのだろうか。スポーツにおける国家の役割が何であるのかを考えるそもそもの議論が必要である。スポーツが文化であるとするならば、文化に国家が介入すること自体歴史の反省をひもとくまでもなく、非常にデリケートな問題を孕むことになる。ましてやスポーツが個々人の幸福を追求する権利であるとするならば、そこに国家の要請がどのように成立するのかを考えなければならない。権利としてのスポーツが存在するとの前提に立つならば、国家や地方自治体のスポーツにおける使命は、個々人のスポーツの権利を擁護するための環境の整備に終始するとも考えられなく

もない。このようなスポーツと国家との関係が、成熟した文化国家、ス
ポーツ国家ということもできる。とりわけ今日、スポーツの本質に起因
する問題が大きく取り上げられる中で、どのようなスポーツを振興する
のかという、スポーツ像を明らかにした上で、スポーツの振興が求めら
れなければならない。

（4）スポーツの未熟さの露呈と課題

① 「スポーツで死ぬ」ということ

　「スポーツで死ぬ」と聞くと、それはどう意味なのかと思わず身
を乗り出して聞いてしまうに違いない。しかし現実には、学校管
理下のスポーツ活動で毎年37名もの児童・生徒が亡くなっている
（2001（平成13）年〜2010（平成22）年までの10年間の日本スポー
ツ振興センターの給付件数より）。スポーツは近代化の中で、ルー
ルを制定することにより暴力と決別し、生命の安全と尊重をフェア
プレーという精神とルールに求めてきたにもかかわらず、現実には
スポーツ活動の中で、多くの尊い命が今なお失われている。スポー
ツには危険がつきものという日本的な空気が、この問題に光を当て
てこなかったのではないだろうか。

　スポーツでの事故・死亡ということについて、とりわけ柔道死の
問題が昨今取り上げられている。それは、大阪市桜宮高校のバス
ケットボール部キャプテンの自殺に端を発する体罰問題、そして全
日本女子柔道選手への代表監督の暴力、その後の15名の日本女子
柔道代表候補選手の指導者の暴力についての告発など、スポーツが
抱えている深刻な問題が次々に露呈されたことに端を発した。山本
徳郎氏は柔道死にかかわる問題は、指導者（養成課程）の問題、ス
ポーツ界の安全（命）に対する認識の欠如の問題、スポーツ界の体
質の問題などに起因すると指摘した。この指摘は、スポーツ政策を
考える上で本質的で重要な視点を含んでいるといえる。強くなれば
いい、勝てばいいという極端なスポーツへの勝利至上主義的な価値

付与が、命の犠牲を前提に成り立っているとするなら、そのような
スポーツの拡大（競技人口の拡大政策）は将来にわたって大きな禍
根を残す政策といわねばならない。

　現実には、このような多くの深刻な問題を抱えながらも、学校教
育において武道が教科の選択必修の種目として位置づけられた。明
治期において日本で柔道が誕生し、その後の国際化（近代化）の中で、
多くのルールの改正がなされ、柔道がJUDOとして世界的に普及
したのである。世界各国で柔道普及のために先人の日本人が努力し、
柔道の技術は言うに及ばずその目指すべき姿を伝える中で、世界各
国で柔道人口が拡大してきたといえる。今日では日本よりフランス
やブラジルの方が柔道の競技者人口が多く、指導者の養成や指導法
については、見習うべきものが多くあるともいわれている。

　このような柔道誕生の国日本が、他国にその座を奪われたことに
より、その復権を旗印に、今日の教育への有用な身体活動としての
価値付与がなされた武道柔道が、学習指導要領に採用されたのでは
ないか。そこには柔道競技者の人口拡大を図ろうとする柔道界の意
図が読み取れなくはない。「耐えることで強くなれる、上手くなれる」
とするこれまでの考え方と日本のスポーツ界が脈々と引き継いでき
た「しごき」と称する伝統的な指導法が、現場で悲劇を生んできて
いる。この現状を解決する有効な方策を示すことなく、日本の伝統
的な武道を「礼節を重んじる日本伝統の武道」と括り、学校教育に
導入することに意味を見いだせないでいるのは、ごく一部の人々だ
けなのだろうか。他者や自身の生命を尊ぶという指導者の養成がな
い限り、極めて危険な身体活動になりかねないという危惧が、そこ
には潜んではいないか。

②スポーツでの人権の意味

　1998（平成10）年の帝京大学ラグビー部員による婦女暴行事件、
2002（平成14）年の亜細亜大学野球部員による集団わいせつ事件、

2004（平成16）年の国士舘大学サッカー部員による集団淫行事件、2005（平成17）年の京都大学アメリカンフットボール部員によるレイプ事件等々、大学スポーツにおいて反社会的な極めて許し難い犯罪行為が多発している。これは女性を対象とした反社会的な犯罪であるが、このほかにも部員間の「いじめ」「体罰」「しごき」と称される反社会的な行為は事件として表面化される以外にも、根深くはびこっていると言わねばならない。なぜこれほどまでに、成人のスポーツ活動において人権を侵害する犯罪が発生するのであろうか。

　このような事例は大学運動部ということから、その集団が未成年者を含む1年生から4年生までの序列化された年齢で構成され、勝つことを一つの目標にした、いわば同じ価値と同じ生活リズムで日常を共有している集団としての特異的な現象なのだろうか。このような反社会的な問題は、スポーツ特有の問題ではなく多くの同じ年齢集団でも同じように起きている問題なのかもしれない。実際、社会に目を向けると自衛隊、警察、消防など集団的な協調が求められる組織での陰湿なハラスメントは言うに及ばず一般企業においてもハラスメントに関連する訴訟は数多く起きている。これは日本社会の病巣なのかもしれない。

　しかしながら、スポーツは「自己目的的な活動」であり、フェアプレーを本質とする身体活動である。そもそもスポーツは、政治、宗教、文化、階級、人種、性差などあらゆる差別を超越し、人類愛と民主主義を育むという思想を根底とする身体活動である。それゆえスポーツの祭典であるオリンピックにおいて、平和が「参加することに意義がある」とするスポーツとともに語られる理由が、オリンピック憲章やスポーツの思想に見いだされるのである。

　スポーツでの人権を無視した体罰と称される暴力は、身体に危害を与えるという意味において、極めて分かりやすい行為である。しかしこれは「指導」という言葉に包まれた瞬間に、わかりづらく隠

蔽される危険性を持ち合わせているともいえる。現実にはそれ以上に、人の尊厳を否定する発言や行為が行われていると推測することは難しくない。現に筆者はスポーツ指導者による、人権無視の場面を幾度となく目にしてきたのである。「おまえは選手だろ。指導者の言うことが聞けないのか。言われたことだけをやっていればいい。」という言葉は、誰しもが幾度となく聞いてきた言葉ではないだろうか。競技者に主体的に考えることを認めず、指導者の意のままに競技者を扱おうとする、人権無視の構造が、そこにはある。スポーツ場面だから許される、愛があるから許される。そのような言葉は幾度となく繰り返されてきた空しい言葉に過ぎない。人が自律的行動をする、自己実現のための自己目的的な活動であるスポーツを行おうとするときに、その主体である人間の基本的権利が無視、否定されていいはずはない。これはまた他の社会的事象においても同様である。

　このように考えていくと、日本の大学で教員免許状の取得をしようとすると、法律によって「日本国憲法」の単位を取得しなければならないと定められている。もしかすると、同じようにスポーツを行おうとするとき、「人権」の教科目単位を取得しなければならないところまで来ているのかしれない。それほどに簡単に競技者の人権が無視されている現実がある。人が豊かで幸せになることを求めるという行為とスポーツを楽しむという行為が、どのように編み込まれていくのか、深く考えなければならないときにきていることだけは確かである。人権をないがしろにするスポーツの常識が、平然と通用するような社会はどこにもないのである。

③スポーツ組織のガバナンス

　2007（平成 19）年に未成年力士の稽古中での死亡事件がおき、相撲協会の対応が大きく問題視された。その後、力士の大麻所持、親方衆と暴力団関係者との密接な関係、力士の野球賭博への関与な

どが表面化し、公益財団法人日本相撲協会としての体質の問題が指摘された。

2013（平成25）年柔道女子代表合宿において、女子選手15名が監督から暴力をうけたとしてJOCに告発をした。その後、連盟が以前から監督の暴力を把握していたにもかかわらず、有効な対策をしてこなかったことが判明する。また、助成金の不正流用の実態や連盟理事による女子選手に対するわいせつ行為が発覚するなど、公益財団法人全日本柔道連盟の組織としての体質が問題視された。

これら公益財団法人日本相撲協会と公益財団法人全日本柔道連盟の問題が大きく取り上げられて以降、スポーツ組織のガバナンスという言葉が、スポーツ組織の体質、組織としての機能を評価する意味で使われるようになった。その意味で、スポーツ組織におけるガバナンスとは、「組織が統治され、方向をもって運営されるためのルールやシステム」といえる。スポーツ組織のガバナンスは当該スポーツ組織において理解されればいいというものではなく、一般社会において理解されるものではなくてはならない。一般的に、スポーツ組織のガバナンスは、組織の「意志決定」「運営」「財務」「不祥事や紛争の解決」の項目から構成される。一般の法人においては理事会である執行機関と立法機関としての評議会、監査機関の監事によって構成される。法人格を有しているスポーツ組織はこの組織構造によっているが、理事長がワンマンで独裁的な運営を行っていたり、評議会がまったく審議・議論をせず理事会の意のままに運営が行われたりした場合、システムがあったとしてもそれは形式に過ぎず、ガバナンス不全を起こしている状況が、実際のスポーツ組織のガバナンス問題といえるのかもしれない。

スポーツ組織のガバナンスがなぜ重要なのかというと、スポーツ組織は、当該スポーツの意志や方向を定める意志決定機関に他ならないからである。スポーツ組織が暴力や間違った指導を自ら糺すことなく、隠蔽するような組織であるなら、競技者の自己実現の場で

あるスポーツそのものの魅力が失われるのはもちろんのこと、競技者の人権すら簡単に無視されるということは、これまでの事例から明らかである。

　今日の多くのスポーツ組織は、その事業活動が広く公益性を有し社会に貢献することから、公益社団法人（公益社団法人と公益財団法人）や特定非営利活動法人の組織形態で運営されている。これらの法人は、所管庁からの設立の認証をうけることにより、社会からの公益活動を行う組織としての信用を得ているとみなすことできる。これらの法人が公益性の高い活動を行うことを目的にしていることから、税制をはじめ優遇措置が講じられるとともに、その信用を前提として公共機関等をはじめとした組織からの助成（財源は税金等）を得ているのも、このような制度による認証を背景にしているからである。

　スポーツ組織が公益性のある法人格を取得している理由は、当該スポーツ組織の活動に公益性があることはもちろんのこと、そもそもスポーツは極めて公益性がある営みとされているからである。このようなスポーツ組織は、自らガバナンスをもった組織運営をしていくことはもちろんのこと、理事会や評議会等の議論の過程や事業や財務についての情報開示は極めて重要な活動といえる。公益性のある組織として自からが透明性のある組織運営をしていくとは、多くの市民からの理解と協力を得ることにつながり、そのこと自体が公益性のある組織としての使命といえる。

２．スポーツの公共性

（1）スポーツの公共性と権利

　スポーツは文化であるという主張が込められた「スポーツ文化」という言葉が誕生して以来、その文化性が議論されることとは別に、実際の

スポーツは広がりをみせてきた。2011（平成23）年に制定されたスポーツ基本法においては、スポーツを通じて幸福で豊かな生活を営むことは、すべての人々の権利であると規定されるに至った。

　スポーツの文化性という議論については、スポーツの起源が遊びに端を発していることから、プレイ論として議論されることも多い。文化や文明が、知識、信仰、芸術、道徳、法律、観光、その他、人が社会の構成員として獲得した能力や習慣を含むところの複合された総体のことであり（エドワード・タイラー）、一つの社会システムが二つかそれ以上の諸社会の社会構造や成員や文化、あるいはそうした諸社会の構造、成員、文化のそのいずれかとかかわりあうことができる（パーソンズ）と考えられる。例えばイギリスで誕生したラグビーが各国に伝播し、固有の形で定着していき、他方近代化の中で国際連盟という中央組織の誕生によりルールの統一化が図られ、世界共通のラグビー競技として存在してきた。これはあたかも世界共通のラグビーという文化が成立しているかのような錯覚を覚えるが、実際には各国・地域でのラグビーに対する思想や考え方は必ずしも共通しているわけではなく、それぞれの文化的差異があると理解すべきといえる。今日、スポーツが世界共通の文化として語られるのは、ルールが世界共通であるということであり、そこに世界共通のスポーツの価値が成立しているわけではない。

　このような文化性を有するスポーツは、わが国では私的な活動から公共性をもつ活動として拡大してきた。1961（昭和36）年のスポーツ振興法制定により、スポーツは日本国憲法第13条「すべての国民は、個人として尊重される。生命、自由及び幸福追求に対する国民の権利については、公共の福祉に反しない限り、立法その他の国政の上で、最大の尊重を必要とする。」、第25条「すべての国民は、健康で文化的な最低限度の生活を営む権利を有する。」を根拠にするとされてきたが、法令上の規定としては2011（平成23）年にスポーツ振興法を全面改正される形で制定されたスポーツ基本法において、「スポーツを通じて幸福で豊かな生活を営むことは、すべての人々の権利」と規定されたことによ

り、スポーツの公共的な性格が明確にされたといえる。この背景には、スポーツの高度化の問題が指摘されなければならない。

スポーツの高度化とは、国際競技力が高まる中で、競技スポーツにおいてはトレーニングサポート、トレーニングメニュー、栄養等々、競技者を取り巻く環境が細分化高度化され、このような環境を持たない競技者は国際大会で活躍することは不可能だといわれている。このような中で、国は国際競技力の向上を目標にし、ＧＤＰの順位に応じた国際競技力の順位を求め、国家として競技スポーツへの支援を積極的に行うようになってきた。その結果、スポーツは私的活動という側面より公共的な側面が強く求められるようになり、一部高度化をした競技スポーツにとどまらず、広くスポーツそのものの権利を明確にする必要があったといえる。

わが国のスポーツの権利が規定された理由はともあれ、1975（昭和50）年のヨーロッパ・スポーツ担当大臣会議で採択された「ヨーロッパ・みんなのためのスポーツ憲章」、1978（昭和53）年ユネスコ総会で採択された「体育およびスポーツに関する国際顕彰」、1992年に制定された「新ヨーロッパ・スポーツ憲章」では、個人がスポーツに参加する権利を基本的権利として規定されており、わが国のスポーツ基本法におけるスポーツの権利規定は、世界の流れからすれば当然のことでもあった。

また阪神・淡路大震災（1995（平成7）年）とその後の東日本大震災（2011（平成23）年）は、市民と公共の関係に大きな変化を与えたといわれている。2010（平成22）年に政府は「新しい公共」円卓会議を設置し、従来の公共課題に対して官が担うとする考え方から、市民と官が協働して課題を解決しようとする新しい概念を提示し、21世紀の国家戦略プロジェクトに位置づけた。この「新しい公共」円卓会議は、「新しい公共」宣言を提案した。その宣言では「新しい公共」とは支え合いと活力のある社会を作るための当事者たちの協働の場であり、国民一人一人が当事者として、自分たちこそが社会を作る主体であると位置づけた。

このような「新しい公共」の概念は、少なからずスポーツへも影響を与えている。官が整えたスポーツ環境の中でスポーツを楽しむというこれまでの状況から、行政の支援を受けながらも、市民自らがスポーツの場を運営し、多様な市民の要望を吸収しながら、スポーツを実践していくという姿がそこには見られる。この姿は、多様なスポーツ活動のみならず、日常の生活課題や多様な希望を実現させる装置としての可能性を秘めてはいないだろうか。これはこれまでの与えられてきた公共から、市民が自ら作りだし、担っていく公共としての姿でもある。そしてその担い手は市民でなければならないのである。

（2）市民が主体のスポーツとは

私たちは、あらゆるモノや情報に取り囲まれ、日々それらを選択しながら生活を送っている。知っているとか、知らないにかかわらず、それらの選択の行為一つ一つが、社会から縛られていたり、守られていたりしている。例えば、車を運転していてスピード違反をしてしまった。警察官から違反キップを切られ、反則金を納めなくてはならなくなった。違反者の主張は、直線道路で見通しが良く安全と判断したため、制限時速を 20 キロ超えてアクセルを踏んだのであり、誰にも迷惑をかけていなかったとするかもしれない。しかし、道路交通法という法律は社会のルールとして存在をし、違反をしたことにより初めて運転者である自分が法律によって縛られていることに気づくのである。また自身が歩行者であった場合には、歩行者を守るために必要な制限時速であり法律であるとの評価を与え、守られているという意識をもつのではないか。

私たちは知らず知らずのうちに守られて、そのことは日常の生活の中ではなかなか自覚することはできないでいる。ある時、私たちは自分が縛られていることの場面に出くわし、はじめておかしさを感じるのである。これが社会の一員として自覚をした時なのかもしれない。

社会は、性差、人種、思想、感情などの多様な人々と家族、地域、組織、国、世界という幾重もの社会によって構成されている。この多様な

社会の中で、生きていくということは、社会の構成員としての個人を自覚することが求められる。まさに私たちは、社会の構成員として、社会をよりよくしていく市民としての姿を描き出す努力が一方では必要とされる。

　スポーツにおいて、自らが主体的にスポーツの担い手になるということは、単に競技者としてプレイに参加することだけでなく、スポーツそのものの在り方や将来への姿について考えをもち実践していくことである。まさにこれが、市民が主体のスポーツではないだろうか。

　スポーツ界には「しごき」と称する暴力が依然はびこっていると考えるべきである。社会において暴力が肯定されるはずはなく、当然のこととして犯罪として処罰される。しかし、スポーツ場面ではこの暴力が「愛の鞭」「強くなるために」といった言葉で覆い隠され、依然暴力の連鎖が止まらないでいる。スポーツの主体である私たちが、社会の構成員として何かがおかしいと、考えをもち行動していくことが、スポーツが社会的にも公共財として評価されていくことになるといえる。また、スポーツが文化であるなら、国家から示された姿をもってスポーツ愛好家とならんとする姿勢は、スポーツの文化性そのものを破壊していくことに他ならない。

　例えば、政府はスポーツを推進するにあたり、スポーツを所管している文部科学省と障がい者スポーツを所管している厚生労働省の二股行政の解消を主たる目的で、スポーツを一元的に所管する行政組織として2015（平成27）年にスポーツ庁を設置した。スポーツを語る時、障がい者スポーツがその範疇に含まれないということは極めておかしなことである。しかしながら国家組織としてスポーツ庁が設立されたとしても、民間レベルでは健常者スポーツの統括団体として公益財団法人日本スポーツ協会、障がい者スポーツの統括団体として公益財団法人日本障害者スポーツ協会が設立されており、これら民間スポーツ統括団体が統一組織になるというビジョンは描かれていない。健常者スポーツと障がい者スポーツが、同じスポーツの範疇で語られるという意味は、草の根的

なスポーツ実践と民間レベルでのスポーツ組織の在り様が重要である。スポーツの国際的状況からみれば、競技者は各国の連盟に登録しなければ競技大会に出場することはできない。であるならば、一つの競技連盟の中に健常者と障がい者の部門を置き、一つの競技として運営をしていく。また、国内統一スポーツ団体としての「日本スポーツ協会」として国内の各スポーツ団体を統括するような組織を構想できれば、スポーツから健常者と障がい者が共に生きる社会の姿を描きだせるのではないか。

　私たちが求めるスポーツは、多様な人々が様々な動機、能力等をもちながらも、同じように楽しむことのできるスポーツなのである。それは国家によって実現が可能となるのではなく、スポーツの主人公である私たちが、市民として自律的にスポーツに取り組み、行政にかかわっていくことによって実現することである。

3．スポーツと政策

（1）政策とは何か

　日常の生活の中や社会において、不都合なことは数多く存在している。その不都合なことの中には、個人で解決できるものもあれば、およそ個人では解決不可能なものもある。その中には、国民全体の問題とまではいえないものから、国民全体が不都合を感じている問題まで、解決が求められている問題が山積している。これら、およそ個人では解決が困難な問題を公共問題といい、政府や自治体がその解決の方法を示した具体的な案が公共政策といえる。

　しかしながら、社会に広く存在している不都合な問題で解決が望まれている事項（行政需要）がすべて政策対象になるわけではなく、限られた財源や定められた法律等の中で政府や自治体が政策的な対応を必要としたもの（行政ニーズ）が、政策としてまとめあげられていく。

第1章　スポーツ政策の基礎知識

　では政策とは何だろうか。西尾は政策について、「政府がその環境諸条件またはその行政サービスの対象集団の行動に何らかの変更を加えようとする意図のもとに、これに向けて働きかける行動の案」とし、政府の方針・方策・構想・計画などを総称する概念として定義している。また森田は、「政策は、将来の行政活動について、どのような活動をいついかなる場合に行うべきかを定めた一種のプログラムである」とし、行政活動は「そのプログラムに従って活動を実施していく政策の『執行活動』ということがでる」としている。

　このような政策の定義を踏まえながら、新谷は政策のとらえ方を2つに大別している。

　第一に、「方針としての政策」である。政治によって設定された政策目標に焦点を当て、施策や事業は政策を実現するための手段であり、政策そのものではなく「体系としての政策」として位置づくとするものである。第二に、「枠組みとしての政策」である。行政機関が社会に対して働きかける活動を方向付け、関係づけるというものである。

　これら政策の定義にかかわらず、実際の政策はその目的、実施機関とその権限、対象とされる集団、財源等から構成され、その大きさによって政策達成度に違いがでてくる。

（2）政策対象としてのスポーツ

　「スポーツがどのような政策対象となりうるのか？」「スポーツはどのような政策価値をもち合わせているのか？」という問いは、極めて愚問なのかもしれない。1936（昭和11）年に開催されたベルリンオリンピックを見れば明らかである。ヒットラー率いるナチス党が政権を支配しているドイツで開催されたベルリンオリンピック大会は、それまでにないオリンピック大会として成功を収め、スポーツの拡大に貢献をした。しかしながら、歴史的な評価としては、ベルリンオリンピックが全体主義に利用され、ナショナリズムと強く結びつき、ナチス党の宣伝装置として大きな役割を果たしたことも事実である。このように、多様な価値、

目的、動機等を有するスポーツを政府や自治体が政策の対象としようとする時、あらゆる価値と結びついた政策として成立するのである。

　ここでは、わが国政府がスポーツをどのような政策として実施しているのかを、スポーツ庁の2017（平成29）年度予算（主要事項）から見ることにする。

　スポーツを所管するスポーツ庁のスポーツ振興の施策は、わが国の5年間のスポーツマスタープランであるスポーツ基本計画を根拠として事業化され予算付けがなされる。スポーツ基本計画は2012（平成24）年から2016（平成28）年までを第1期として策定され、現在第2期目の基本計画が策定されている（2017（平成29）年〜2021（平成33）年）。この第2期スポーツ基本計画では、スポーツの役割をふまえて社会の姿を次のように描き出している。

①青少年が健全に育ち、他者との協同や公正さと規律を重んじる社会
②健康で活力に満ちた長寿社会
③地域の人々の主体的な協働により、深い絆で結ばれた一体感や活力がある地域社会
④国民が自国に誇りを持ち、経済的に発展し、活力ある社会
⑤平和と友好に貢献し、国際的に信頼され、尊敬される国

　スポーツによって目指す社会の姿を実現するために、スポーツ基本計画では今後5年間で取り組むべき施策をたてている。

①学校と地域における子どものスポーツ機会の充実
②若者のスポーツ参加機会の充実や高齢者の体力つくり支援等のライフステージに応じたスポーツ活動の推進
③住民が主体的に参画する地域スポーツ環境の整備
④国際競技力向上に向けた人材の育成やスポーツ環境の整備
⑤オリンピック・パラリンピック等の国際競技大会等の招致・開催等を通じた国際交流・貢献の推進

第1章　スポーツ政策の基礎知識

スポーツ庁の平成 29 年度予算主要事項

１．２０２０年度東京オリンピック・パラリンピック競技大会に向けた準備

（１）競技力向上事業 (9.150.000 千円)
2020 年東京オリンピック大会等における日本代表選手のメダル獲得のための一体的な支援

（２）ナショナルトレーニングセンターの拡充 (3.640.231 千円)
オリンピック競技とパラリンピック競技の共同利用化のためのナショナルトレーニングセンターの拡充整備

（３）ハイパフォーマンスセンターの基盤整備 (945.356 千円)
ハイパフォーマンスセンター（国立スポーツ科学センター・ナショナルトレーニングセンター）の体制整備及び中長期観点からの国際競技力強化のための基盤整備

（４）ナショナルトレーニングセンター競技別拠点施設活用事業 (900.000 千円)：民間委託
ナショナルトレーニングセンターでは対応が困難な競技について、既存施設での活用した事業展開

（５）スポーツ・フォ・トゥモロー等推進プログラム (1.171.370 千円)：民間委託
スポーツを通じた国際協力及び交流、国際スポーツ人材育成拠点の構築

（６）ドーピング防止活動推進事業 (201.016 千円)：民間委託
ドーピング防止に向けた取り組み

（７）スポーツ国際展開基盤形成事業 (101.047 千円)：民間委託

２．スポーツ施策の総合的な推進

＜スポーツの成長産業化＞
（１）スポーツ産業の成長促進事業 (130.000 千円)：民間委託
①スタジアム・アリーナ改革推進事業
②スポーツ経営人材育成・活用事業
③スポーツ関連新事業創出支援事業

（２）大学横断的かつ競技横断的統括組織（日本版ＮＣＡＡ）創設事業 (100.000 千円)
　　：民間委託
大学及び競技横断的統括組織の具体的な在り方の検討、大学スポーツの活性化のモデル事業の推進

＜スポーツ人口の拡大、地域社会の活性化、障がい者スポーツの推進＞
（１）スポーツ人口拡大に向けた官民連携プロジェクト (90.000 千円)：民間委託
ビジネスパーソン向けのスポーツの開発によるスポーツ人口の拡大

（２）スポーツツーリズム・ムーブメント創出事業 (20.000 千円)：民間委託
スポーツツーリズム需要喚起戦略の策定及び実施による地域の活性化

（３）運動・スポーツ習慣化促進事業 (80.000 千円)：地方自治体補助
地方自治体のスポーツを通じた健康増進事業への支援

（４）Special プロジェクト 2020(75.000 千円)：都道府県・民間委託
特別支援学校でのモデル事業及び障がい者スポーツの拠点づくり事業の実施

＜子供の体力の向上、学校体育・運動部活動の推進＞
（１）運動部活動の在り方に関する調査研究事業 (100.000 千円)：地方自治体・民間委託
民間活力による新たな運動部活動の仕組みを構築するための実践研究

（２）学校における体育・スポーツ資質向上等推進事業 (71.972 千円)：地方自治体・大学委託
運動が苦手、配慮を要する児童生徒に対応した実践研究

（３）武道等の円滑な実施の支援 (4.724.482 千円)：地方自治体・民間・大学委託
①公立中学校武道場等の整備促進
②武道等指導充実・資質向上支援事業

⑥ドーピング防止やスポーツ仲裁等の推進によるスポーツ界の透明性、公平、公正性の向上
⑦スポーツ界における好循環の創出に向けたトップスポーツと地域におけるスポーツとの連携・協働の推進

　これを実現させるための施策に対して2017（平成29）年度の予算化がなされている（平成２９年度予算主要事項）。

　スポーツそのものへの予算とは別に、学校教育における体育・保健として、学習指導要領の編集改訂、学校給食の推進、食育の推進、青少年の健全育成など、教育という学校の場におけるスポーツと密接に関連する事項に対して施策として取り上げ事業が展開されている。

　2017（平成29）年度のスポーツ庁の予算内訳から見ると、2020年の東京オリンピックの開催を控えていることからも、予算の約30％が競技スポーツ関連の予算である。体育・武道関連予算が約15％、生涯スポーツを含むスポーツ関連予算が約5.2％という割合になっている。明らかに競技スポーツに傾斜した予算編成であり、競技スポーツを重要視する国の政策意図を理解する必要がある。

　また、スポーツ庁以外の省庁においてスポーツ関連事業の展開がみられる。福祉や障がい者を所掌する厚生労働省の健康に関連する主な施策では、今日の日本の高齢化社会を反映した高齢化時代のスポーツが求められ、障がい者の自立に寄与するスポーツが実施されている。

　国土交通省における公園等の事業や社会資本整備事業などは、緑豊かな公園を整備することを目的に実施されている。その公園では多くのスポーツ活動が実施され、日常的なスポーツの場として機能し、スポーツの拡大と定着化において極めて重要な場となっている。

　農林水産省における食育推進やレクリエーションの森の整備、環境省における自然環境保全対策や自然環境学習等の推進など、広くスポーツに関連する施策が実施されている。また、経済産業省では産業としてスポーツの振興を推進している。

　このように、わが国においてスポーツは広範な行政ニーズに合致し、

第1章　スポーツ政策の基礎知識

多くの行政組織においてスポーツを活用した施策が展開されている。ただそれをもって、各行政組織の施策が体系化されたスポーツ政策として位置付いているとはいえない。それは、私たちが幸せに健康で文化的な生活を営むということにスポーツがどのように組み込まれていくのかという姿をまだ共有していないからともいえる。私たちには個別の施策の内容を明らかにし政策の意図を紐解くという姿勢が求められる。

（3）これまでのスポーツ行政組織と政策の流れ

わが国において、スポーツが行政課題の対象として取り上げられ、当該組織の所掌部局として位置付くのは、1878（明治11）年の文部省学務課体操取調掛の設置及び1896（明治29）年の文部省学校衛生主事の配置による。

1913（大正2）年「学校体操教授要目」が制定され、1921（大正10）年に文部省に学校衛生課が設置された後、1928（昭和3）年に体育課として名称が変更された。1916（大正5）年の地方体育運動職員制の公布により、全国の自治体に衛生主事とともに体育運動主事が配置され、中央はもとより地方からも体育（スポーツ）の普及を可能とした。

しかしながら、満州事変からその後に続く第二次世界大戦の期間は、社会の他の事象がそうであったように、戦時体制下のスポーツとして、軍事色を帯びたスポーツが繰り広げられ、行政組織の再編が行われた時期でもあった。

1938（昭和13）年、戦時下の富国強兵思想を背景として、国民の体力増進を強化することを目的に厚生省が設置され、内部部局に体力局が置かれた。厚生省の設置により、これまで文部省に置かれていた体育運動審議会が厚生省に移管され、文部省に学校運動参与が配置された。このことにより、学校体育が文部省、社会体育が厚生省という形で、2つの省庁によりスポーツの所管が分割された。同年に国家総動員法が制定され、翌年には国民徴用令が公布される時期でもあった。

国民徴用令が公布された同時期に体力章検定が、翌1940（昭和15）

31

年に国民体力法が制定された。この流れは 1943（昭和 18）年女子体力章検定、武道章検定へと拡充し、国民の身体が国家により管理された時代でもあった。厚生省に移管された体育運動審議会は、翌年の 1939（昭和 14 年）に廃止され、新たに国民体力会議として設置された。

1941（昭和 16）年に国民学校制度が実施されることにより、体操科が体錬科となり、軍事教練として位置付くことになった。文部省体育課は体育局に昇格をし、体育運動課、訓練課、衛生課の 3 課となった。また厚生省に人口局が設置され、体錬課、錬武課が内部部局として位置付いた。1942（昭和 17）年文部省体育局は、総務課、振興課、衛生課、勤労課の 4 課となり、厚生省人口局の体錬課と錬武課は併合され鍛錬課と再編された。同時に国民学校鍛錬科教授要領が公布され、学校における鍛錬が科目として実施された。

さらに 1943（昭和 18）年文部省体育局は、学徒動員課、訓練課、保健課の 3 課となり、終戦を目前とした 1945（昭和 20）年には新たに設置された学徒動員局に体育局は吸収再編され、行政組織上から完全に体育・スポーツが消滅した時期でもあった。

1945（昭和 20）年の第二次世界大戦の終戦を迎え、敗戦国日本は占領軍であるアメリカの意志を強く反映する形で戦後の復興が推し進められていった。終戦後の翌月 9 月には、戦時体制の刷新として、文部省に体育局が復活し、体育課、勤労課、保健課が定められた。

1946（昭和 21）年日本国憲法の公布により、今日のわが国の教育体系を構成する「教育基本法」（1947（昭和 22）年）「学校教育法」（1947（昭和 22）年）「教育委員会法」（1948（昭和 23）年）「社会教育法」（1949（昭和 24）年）等の法体系が作り上げられた時期でもあった。

1949（昭和 24）年の文部省設置法の制定により、文部省は初等中等局、大学学術局、社会教育局、調査普及局、管理局 5 局となり、体育局は廃止された。このことにより体育・スポーツは、社会体育が社会教育局、学校体育が初等中等局、大学学術局、体育施設が管理局で分掌されることになった。これは社会教育法において「社会教育とは、学校教育法に

基づき学校の教育課程として行われる教育活動を除き、主として青少年および成人に対して行われる組織的な教育活動（体育およびレクリエーションの活動を含む）」と定義されるとともに、学校教育法の制定により体育の位置づけが明確になり、体育・スポーツは行政上、学校教育と社会教育に分割され取り扱われるようになった。

戦後のスポーツは、終戦翌年の国民体育大会の実施や 1949（昭和 24）年全米選手権大会、国際大会での日本人選手の活躍もあり、1953（昭和28）年の第 3 回アジア競技大会の東京での開催や 1964（昭和 39）年の東京オリンピックの招致は、体育・スポーツを一層推し進めるための行政組織の一元化を求めることになった。1958（昭和 33）年に設置された文部省体育局は、体育課、運動競技課、学校保健課、学校給食課となり、その後 1962（昭和 37）年に運動競技課はスポーツ課に改められ、1988（昭和 63 年）にスポーツ課が生涯スポーツ課と競技スポーツ課に分かれることになる。これは生涯学習を背景とする市民スポーツの拡大が行政ニーズとして浮上してきたことにある。

2000（平成 12）年に制定された文部科学省設置令により、文部省は科学技術庁と統合再編し新たに文部科学省として誕生し、体育局は生涯学習局青少年課を組み込む形で、スポーツ・青少年局として再編された。内部部局としては、企画・体育課、生涯スポーツ課、競技スポーツ課、学校健康教育課、青少年課の 5 課体制となった。その後生涯スポーツ課は、スポーツ振興課へと名称が変更された。

2015（平成 25）年に文部科学省の外部部局としてスポーツ庁が政策課、健康スポーツ課、競技スポーツ課、国際課、オリンピック・パラリンピック課の 5 課を擁する組織として設置された。

戦前のスポーツは教育としての体育が中心ではあったが、戦時体制に組み込まれる中で国家に身体が管理され、体育やスポーツが軍事教練として変容していく時代でもあった。戦後のスポーツは従来の教育としての体育とともにスポーツが政策対象になっていく時代であった。1964（昭和 39）年の東京オリンピック招致・開催は、スポーツの価値を、日本

選手の活躍により国民へ活力を与える作用、日本の国際社会への復興、社会資本の整備、経済の波及効果など、スポーツの振興とともにそれ以外の価値が評価された時代でもあった。今日のスポーツは、学校での体育、競技スポーツ、生涯スポーツという3つの流れの中で行われているものの、本当のスポーツの振興は1964（昭和39）年の東京オリンピック開催から今日まで、競技スポーツを中心としたスポーツ振興だったともいえる。

第2章 スポーツの状況と取り巻く社会環境

1. スポーツを取り巻く現状

（1）スポーツの活動場所の現状

　国民の健康意識の高まりやスポーツ文化の浸透によって、多くの国民がスポーツを行うようになってきた。私たちがスポーツをする際、活動場所として思い浮かべるのは、市区町村が管理する「公共スポーツ施設」や民間のフィットネスジムのような「民間スポーツ施設」ではないかといえる。しかしながら、茨城県龍ケ崎市が実施した調査では、スポーツ活動の実施場所として最も多かったのが「自宅」、次に「近所の公園」であった。このようにスポーツは、専用スポーツ施設以外の様々な場所で行なわれている。

　スポーツ活動の多様化により、スポーツ施設の分類も細分化される傾向にある。わが国の公共スポーツ施設の設置は、法令によって定められている。スポーツ施設の根拠とされる法令は以下のようにまとめることができる。

表1　わが国のスポーツ施設設置に関連する根拠法

所管省庁	関連法	関連するスポーツ施設
文部科学省	学校教育法	（1）学校体育・スポーツ施設
	スポーツ基本法	（2）社会体育施設
	社会教育法	（3）公共社会教育施設等に付帯するスポーツ施設
	地方自治法	
厚生労働省	身体障害者福祉法	（4）障害者スポーツ施設
国土交通省	都市公園法	（5）都市公園
	道路法、交通安全施設等整備事業の推進に関する法律	（6）道の駅
農林水産省	国有林野の管理経営に関する法律	（7）レクリエーションの森
環境省	自然公園法	（8）国立公園、国定公園

スポーツ庁：「スポーツ施設に関する調査研究事業（平成27年度）を基に作成

これら公共スポーツ施設は、国民のスポーツ活動の普及、健康増進、人々のレクリエーションを図る目的等で設置されており、8つに分類することができる。大規模なスポーツ施設（野球場、陸上競技場等）は、公園施設の一部として扱われ都市公園法を根拠として設置されている。一方、国土交通省が管轄する道の駅は、道路利用者への安全快適な道路環境の提供及び地域振興の観点からスポーツ施設を設置しているものもある。

　文部科学省が約5年おきに実施している、「体育・スポーツ施設現況調査」では、わが国のスポーツ施設数を調査している。これによるとスポーツ施設の増加は、1985（昭和60）年をピークとして、それ以降は減少傾向に転じている（図1）。公共スポーツ施設の増減は、社会状況とりわけ経済状況に大きく関係する。高度経済成長期やバブル経済期には、国および地方自治体の税収増加を背景として、公共スポーツ施設の建設も促進された。しかしバブル経済崩壊後、経済状況の悪化は、税の減収を招き新たな公共施設建設にはむかわなかった。またスポーツ施設は、施設の維持・管理にも多額な経費を必要とする。

　様々な場所にスポーツ施設があることは、日常的なスポーツ活動を可能にすることから喜ばしいことである。一方、納税者の立場で考えた場合、公共スポーツ施設の建設・維持・管理には、私たちの税金が多く投入されていることも現実である。とりわけ大規模スポーツ施設の設置は、オリンピックやメガスポーツイベント開催の中核施設として提供されるものの、その度に高額な建設費や大会終了後のスポーツ施設の活用方法（高額な維持・管理経費）など、どの様に私たちが担っていくのかなどという点において、大きな社会問題となっている。わが国において公共スポーツ施設整備に関する具体的な計画がない中で、各省庁による様々なスポーツ施設が整備される状況は、縦割り行政による、税金の無駄遣いとの指摘を招くことになる。

　公共スポーツ施設は、高額な建設費またそれを維持・管理する経費の問題が指摘される一方で、単にスポーツ活動を行う場所に止まらず、災

害国家であるわが国において、災害時の避難場所としても大きな役割を担っている。これは、わが国のスポーツ施設の問題を考える上での重要な視点ともいえる。

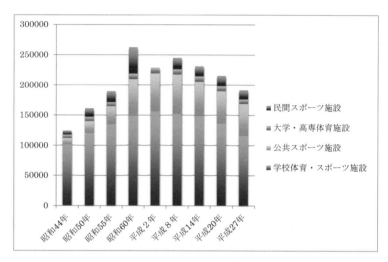

図1　体育・スポーツ施設数の推移
出典：「体育・スポーツ施設概況調査」：文部科学省、平成27年度「体育・スポーツ施設現況調査」速報値、「社会教育基本調査」を作成

（2）スポーツ人口と実施率

近年、わが国の社会保障の財政支出は、高齢化社会を反映し国の財政を圧迫する深刻な状況となっている（図2）。このような中、社会保障の財政支出を抑制するため、スポーツを通した健康維持増進は、高齢者の健康問題にとどまらず、早期からスポーツ習慣を身につけることでの予防医学の観点からも、スポーツの振興をスポーツ政策の重要な柱に位置付けている。

「スポーツ振興基本計画」（2000（平成12）年：文部科学省）では、地域におけるスポーツ環境の整備充実方策において、成人の週1回以上のスポーツ実施率が50パーセントとなることを目指してきた。また、「スポーツ基本計画」（2012（平成24）年：文部科学省）では、成人の週1

回以上のスポーツ実施率が3人に2人（65％程度）、週3回以上のスポーツ実施率が3人に1人（30％）とすることを数値目標としてきた。

本項では、国や研究機関が公表しているデータから、各世代のスポーツ人口やスポーツ実施率の現状を捉え、そこからわが国が抱えているスポーツ環境に関する問題点を整理していく。

（2-1）青少年のスポーツ活動状況

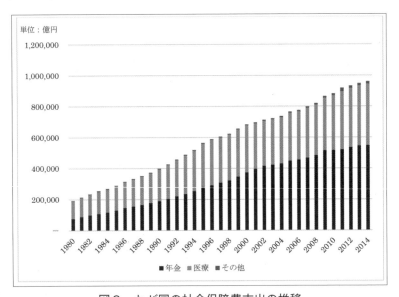

図2　わが国の社会保障費支出の推移
出典：国立社会保障・人口問題研究所「社会保障費統計」を基に作成

文部科学省は、青少年の体力状況やスポーツ活動状況を把握する為に「体力・運動能力、運動習慣等調査」を実施し、「体育の日」に合わせて結果を公表している。その調査の一つである「新体力テスト」によると1985（昭和60）年ごろから青少年の体力が低下傾向にあるとし、体力向上方策を打ち出してきている。近年では、2005（平成17）年と2015（平成27）年の新体力テストの合計点を比較したときに、この10年間で体力が上昇していることがわかる（図3）。

青少年の運動部やスポーツクラブへの加入率の状況を見ると、小学生

第2章　スポーツの状況と取り巻く社会環境

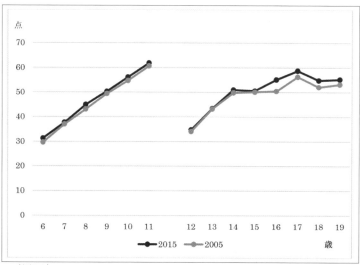
（男子）

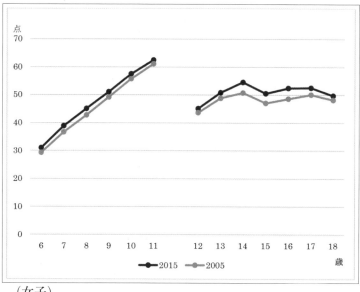
（女子）

図3　新体力テスト合計点（2005年・2015年）の比較
（6歳から11歳と12歳から19歳では合計点の算出方法が異なっている。）
出典：文部科学省「体力・運動能力調査2005年及び2015年」を基に作成

の加入率は、男子 72.1%・女子 49.6%、中学生では、男子 76.9%・女子55.9%、高校生では、男子 58.6%・女子 27.6% である 2014（平成 26）年度調査：文部科学省）。クラブへの加入率は、年齢の上昇とともに、低下傾向にある。しかしこの調査は、学校管理下にある運動部の参加率を見ていることから一概にスポーツ実施者が低下しているとはいえない。また近年は、サッカーや水泳などのスポーツでは地域でのクラブ化が進み、学校運動部に所属せず、地域のクラブに所属する選手も増えてきている。小中学生の運動部活動やスポーツクラブへの加入率は男子と女子で開きはあるものの非常に高い傾向にあり、スポーツ実施率は高いといえる。

　青少年のスポーツ活動状況は、スポーツ少年団や総合型地域スポーツクラブ、学校の運動部活動の普及によって多くのスポーツ機会が与えられているといえる。しかしながら、多くのスポーツ機会がある一方、1週間の運動総時間数で 60 分未満というスポーツをしない青少年が増加してきている現状もある。特に中学生女子でこの傾向が強い。青少年のスポーツ活動の状況がその後のスポーツ活動に大きく影響を与えることから成人のスポーツ実施率向上は青少年、とりわけ女子のスポーツ活動を促進させることが大きな課題であるといえる。

（2－2）成人のスポーツ活動状況
　わが国が公表している成人のスポーツ実施率の推移データでは、1988（昭和 63）年度調査以降、スポーツ実施率は向上し、平成 24 年度では47.5% となり、国が掲げる政策目標値に近づいている。年代別スポーツ実施率を見てみても、年代が上がるにつれてスポーツ実施率も上昇する傾向にあり、わが国のスポーツ実施率は、70 歳以上の高齢者が牽引している状況にある。2015（平成 27）年度の調査では、これまで増加傾向にあったスポーツ実施率が、40.7% と減少を見せた（図 4）。

　スポーツ実施率は、余暇時間と健康に対する意識によって影響される

第2章　スポーツの状況と取り巻く社会環境

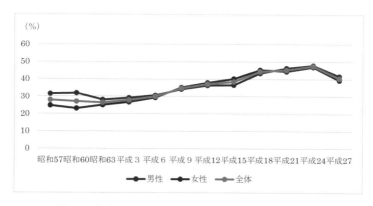

図4　成人の週１回以上のスポーツ実施率の推移
出典：内閣府「体力・スポーツに関する世論調査（平成24年まで）
　　　と「東京オリンピックパラリン・ピックに関する世論調査
　　　（平成27年度）」を基に作成

と考えられる。総務省が実施した「社会生活基本調査」の年齢階級別生活時間を見ても、年代が上昇するにつれて余暇活動の時間が増大する傾向にある。若い世代でスポーツ実施率が低い状況は、労働による影響及び健康意識の低さによるものであろう。

　10代のスポーツ活動状況は、運動部活動やスポーツクラブへの加入率を見ても、非常に高い傾向にあり、スポーツをする習慣が形成されている時期といえる。しかし20代以降での継続したスポーツ活動に繋がっていない状況にある。これは、10代で実施しているスポーツ活動に大きく影響しているともいえる。10代で実施している主なスポーツが、全国大会を頂点とする勝利至上主義の競技スポーツであることから、年齢とともに継続が困難となることが原因と考えられる。また、成人のスポーツ活動をおこなう場の提供が充実していない現状も大きな要因と考えられる。成人のスポーツ実施率向上を図る上で、いかにスポーツ活動の場を提供できるかが大きな課題であるといえる。

（3）スポーツ大会の拡大

　スポーツ実施率の向上、また国民のスポーツへの関心の高まりに伴い、各地でスポーツ大会が多く行われるようになってきた。現在のスポーツ大会の開催は、個人の能力を発揮する「場」としてはもちろん、地域振興、地域活性化方策の視点でも大きく注目されてきている。特に近年では、マラソン大会の開催が急増してきている。そのきっかけとなったのが2007（平成19）年から実施されている「東京マラソン」といわれている。大都市での市民参加型の「東京マラソン」は政令指定都市をはじめとする多くの自治体での市民参加型の都市マラソンを誘発したといえる。マラソン大会の増加により、ランニング人口も増加し現在のランニング人口は1000万人（2014（平成26）年）に及ぶとされている（笹川スポーツ財団2012（平成24）年調査）。ランニング人口の増加に伴い、自然の地形を利用して長距離を走るトレイルラン大会も近年急増している。

　マラソン大会やトレイルラン大会の開催は、地域活性化方策としても大きく注目を集めるようになってきた。GPSを利用したタイム計測装置の普及により、大量の参加者の記録をはじめとするデータの計測・管理が可能となった。また、マラソン大会の運営には、多くのボランティアを必要とし、沿道には多くの観衆が選手を応援する。このようにマラソン大会の開催は多くの人が移動するきっかけを創出している。多くの人がマラソン大会をきっかけに都市を訪れることによって、宿泊・飲食・交通等の需要が高まり、開催自治体の経済効果の向上も期待できる。マラソン大会は地域活性化に大きく貢献する一方、参加者の練習不足による死亡事故の増加、大量のボランティアスタッフの確保の問題、多くの人々が集まることからのテロ等の危機管理上の問題など様々な課題への対応が求められている。

２．わが国が抱える社会問題とスポーツ

（１）高齢社会とスポーツ

　医療技術の向上により、わが国の平均寿命は男性 80.5 歳、女性 86.83 歳（2014（平成 26）年）と過去最高を更新している。特に女性は世界一の平均寿命を誇り世界有数の長寿国である。高齢者は前期高齢者（65 〜 74 歳）と後期高齢者（75 歳以上）に区分され、総人口に占める高齢者の割合は 25.1％（2014（平成 26）年度）となっている。この割合は年々増加傾向にあり、内閣府の高齢社会白書（2014（平成 26）年版）では、2060 年には高齢者の割合は 39.9％と推計している。高齢者の増加は、社会保障費支出の増加といった財政問題に直結する課題を招いている。また核家族化に伴う孤独死や老老介護の問題など、わが国は高齢化する社会に対してしっかりと向き合う必要が求められている。高齢者の割合が増加するわが国において、高齢社会問題とは、単にわが国の財政問題というだけでなく、私たちが日本という国で年齢を重ねていくことに不安を抱くことなく生活を送ることができるかという観点において非常に重要な課題である。

　これまで、高齢者におけるスポーツ政策は厚生労働省と文部科学省が中心となってきた。厚生労働省は、「21 世紀における国民健康づくり運動（第 2 次 2013（平成 25）年〜）（以下、健康日本 21）」を打ち出し、具体的な政策を実行してきている。健康日本 21 は、生活を送る中で起こりうる生活習慣病を予防する手段として運動・スポーツ活動を推奨するものである。

　一方、文部科学省の「スポーツ基本計画」（2012（平成 24）年）では、ライフステージに応じたスポーツ活動を推進し、健康で活力に満ちた長寿社会実現を図っている。

　高齢社会におけるスポーツは、体力の低下による怪我の予防策として取り上げられるとともに、健康寿命をいかに引伸ばすかが重要な課題と

なっている。健康寿命とは健康上の問題がない状態で日常生活を送れる期間を指し、厚生労働省の調査では、男性 70.42 歳、女性 73.62 歳である。平均寿命と健康寿命の差をいかに縮めることができるかが求められている。

　現在、高齢者層の週に 3 回以上のスポーツ実施率は、「体力・スポーツに関する世論調査」によれば、60 歳代では、42.4％、70 歳代では 53.6％と高い水準にある。この中で、実施しているスポーツ種目を見ると、ウォーキング、体操、ランニング、ゴルフとなっている。その多くは個人でできるスポーツである。このことは、高齢者の生活形態が影響している。家族形態の変化により核家族が増え、「一人暮らし」、「夫婦」で生活する割合は、53.6％（2014（平成 26）年高齢社会白書：内閣府）と半数が高齢者のみで生活している現状にある。このような状況の中、スポーツを通していかに人々が繋がるコミュニティを形成するのかが期待されている。

　高齢者層のスポーツ振興においては、地域コミュニティの再生という課題解決が迫られている。これまで、高齢者におけるコミュニティ形成は、自治会や長寿会、町内会が担ってきたといえる。これらの組織が衰退する中で、スポーツ活動を通したコミュニティ形成は、新たにスポーツに付託された機能といえるだろう。スポーツ振興基本計画に示された「総合型地域スポーツクラブ」への期待が大きいといえる。

（2）子どもを取り巻く環境とスポーツ

　子どもの体力低下に歯止めをかけるべく、スポーツを通した子どもの体力向上方策が打ち出されている。しかし社会の変化を見たときに、子どもがスポーツ活動を望んでも、スポーツを行えない環境が存在している。それは、子どもを取り巻く環境が大きく変化してきているからに他ならない。

　文部科学省の中央教育審議会の答申では、現在の子どもの育ちの現状と背景を以下のようにまとめている。

第2章　スポーツの状況と取り巻く社会環境

（子どもの育ちの現状）

　近年の幼児の育ちについては、基本的な生活習慣や態度が身に付いていない、他者とのかかわりが苦手である、自制心や耐性、規範意識が十分に育っていない、運動能力が低下しているなどの課題が指摘されている。

　また，小学校低学年では教室で、学習に集中できない、教員の話が聞けずに授業が成立しないなど学級がうまく機能しない状況が見られる。

　加えて、近年の子どもたちは、多くの情報に囲まれた環境にいるため、世の中についての知識は増えているものの、その知識は断片的で受け身的なものが多く、学びに対する意欲や関心が低いとの指摘がある。

（子どもの育ちの社会的背景）

　少子化，核家族化，都市化，情報化，国際化など現代社会の急激な変化を受けて，人々の価値観や生活様式が多様化している一方で、社会の傾向としては、人間関係の希薄化、地域における地縁的なつながりの希薄化、過度に経済性や効率性を重視する傾向、大人優先の社会風潮などの状況が見られるとの指摘がある。

　（子どもを取り巻く環境の変化を踏まえた今後の幼児教育の在り方について（答申））

　このように、大人達が作り上げてきた社会の中で子どもは成長しているが、その社会変化は子どもの成長を妨げる要因となってきている。

　厚生労働省の「国民生活基礎調査」では、平均的な所得の半分を下回る世帯で暮らす子どもの割合を示す「子供の貧困率」を調査しているが、調査するごとにこの「子供の貧困率」が高くなる傾向にあり、貧困が社会問題化している状況にある。このように子どもを取り巻く環境には、少子化の進展、学歴志向の高まり、地域力の低下、子どもの貧困など大きな問題が立ちふさがっている。このような環境においていかに子ども

を成長させていくかが大きな課題となっている。

　このような状況の中で、子どもの成長においてスポーツが果たす役割は非常に大きいにもかかわらず、社会全体の中にスポーツが実施できない状況が発生している。それは、スポーツをする場所の問題とスポーツを行う機会の問題である。

　スポーツを行う場所の問題とは、近年のわが国の緊縮財政の中でスポーツ施設の維持が困難となり、スポーツ施設が減少していることである。また、スポーツ施設以外のスポーツ活動の場として公園が挙げられるが、自治体の安全管理上の問題で、スポーツを禁止する公園が増えていることもある。

　もうひとつはスポーツを行う機会の問題である。スポーツを行う子ども達の多くは、クラブに所属している。また、多くのスポーツ活動には、クラブに支払う月謝や用具の購入費などの支出が必要となる。子どもの貧困率からも、貧困家庭に育つ子どもはスポーツを実施する為の費用の支出が困難な為、スポーツを行う機会が失われているといえる。これらの問題を重要な政策課題として捉え、すべての子どもにスポーツをする機会の創出が求められる。

（3）労働環境の変化とスポーツ

　産業の多様化に伴い、わが国の労働環境および雇用形態は大きく変化してきている。2016（平成 28）年度の厚生労働白書では、約 427 万の事業場で約 5209 万人の労働者が働いている。また、国家政策により、非正規労働者の雇用や女性の社会進出が促進されている。一方、近年では過重労働の問題が大きな社会問題となり、労働環境の改善が求められている。また、わが国の平均寿命が伸びる中、退職年齢の引き伸ばしなど、私たちの人生のほとんどが労働と切り離すことが困難な社会となってきている。多くの時間を労働に費やすなかで、いかに豊かで幸福な人生を送るかが注目され、生活の質（Quality of life : QOL）の向上が求められている。労働の対価で給料を受け取り、私たちは生計を立てて生活を

おくっている。しかし過重労働による運動不足や、ストレスなどの労働による弊害からの健康の悪化が指摘されている。現代におけるスポーツ活動は、健康維持増進や体力の向上・ストレス解消や生きがいづくりなどの、様々な効果が見られることからスポーツ活動は、私たちの QOL 向上に大きく貢献するといえる。

　しかし、前述したように女性の社会進出促進により、夫婦で共働きをする家庭が増加することによる子どもの運動への影響もある。笹川スポーツ財団の調査報告「子どものスポーツライフ・データー 2012」によれば、親と子どもが一緒になって運動・スポーツを実施することは、子どもの自発的な運動・スポーツ活動に大きな影響を与えることがわかってきている。このことから親と子どもが一緒に運動・スポーツ活動を実施することが重要であるといえる。しかしながら、この調査の中で、親と子どもが一緒に運動・スポーツ活動を全くしない割合が全体の13.6% であり、あまり実施しない割合は 25.7% と全体の約 4 割が親と子どもが一緒になって運動・スポーツ活動を行えていない状況にある。このことは、現在の家庭環境の複雑化はあるものの、まさに労働環境によるものであり、現代社会の労働環境が子どものスポーツ活動に大きな影響を与えていることがわかる。

　また現代社会において貧困の連鎖が非常に重要な課題となっている。親の所得が子どもに影響を与え、親が低所得で貧困の家庭に生まれた子供は、教育機会の減少、十分な栄養が取れず健康を害する問題など、貧困の連鎖として大きな課題となっている。わが国のスポーツ政策において子どもの体力向上は、重要な政策の一つである。労働環境の改善は、子どもの体力向上において大きな影響を与えると考える。また、過酷な労働環境により親がスポーツ活動を行えず、それに伴って子どもがスポーツ活動をしない、できない、といった、スポーツ活動の負の連鎖にならないよう、スポーツ活動の重要性を理解する機会が求められる。

（4）高度情報化社会とスポーツ

　情報通信技術（ICT: Information and Communication Technology）
の向上により、高度情報化社会が到来した。総務省の情報通信白書（2014
（平成 26）年）では、わが国のインターネット人口普及率は 82.8％である。
また、年代別インターネット普及率では、13 歳から 59 歳では 9 割を超
える。ICT を利用して我々は、多くの情報を素早く得ることが可能と
なり、また同時に多くの人々とコミュニケーションを図ることができる
ようになった。ICT は、特に携帯情報端末（スマートフォン、タブレッ
ト）を使用する場合がほとんどである。スマートフォンはコミュニケー
ションツール以外にも、動画の撮影、視聴、公開や健康管理や運動支援
など、使用用途は様々である。ICT 技術の進展は、スポーツを取り巻
く環境を大きく変えた。

　これまで、トップアスリートに関する情報は、新聞やテレビといった
メディアを通じて配信されていた。しかしながら近年では、トップアス
リートが、ホームページや Twitter（ツイッター）、facebook（フェイ
スブック）などの SNS を利用し、自らが情報配信者となり、ファンと
のコミュニケーションを図るようになってきた。これまでの新聞やテ
レビなどのメディアがそれらを情報源に報道するようになった。一方、
SNS を利用した発言や行動をめぐり、社会問題化することもある。

　また、ICT は、スポーツ観戦のあり方も変化させた。これまでメディ
アを通したスポーツ観戦は、テレビがほとんどであった。テレビの場合、
テレビ局の放送枠を意識した構成が必要であった。しかしながらイン
ターネット上では、そのような配慮は不要であり自由に、スポーツ映像
を配信することが可能となった。また、テレビ局のオンデマンドサービ
スや動画投稿サイト（YouTube、ニコニコ動画等）の普及により、い
つでもどこでもスポーツを観ることが可能となった。

　IOC や FIFA といったスポーツ団体は、オリンピックやワールドカッ
プの放映権料を得て組織の運営を行っている。IOC の放映権収入は、収

入全体の50％を占めている。従って、大会運営についても放映権を獲得した企業の意向が強く反映されることになる。そのため、放映時間を意識した大会運営が行われ、アスリートのコンディションを無視した大会運営がしばしば実施されるという問題が生じている。しかしながら、現代社会では、テレビよりインターネットを通して映像を観る時代へと変化する中で、インターネットでのスポーツ映像の配信は、オリンピックやワールドカップなど世界的スポーツイベントのあり方にも変化を及ぼすと考えられる。

（5）環境問題とスポーツ

現代社会では、温室効果ガスの排出による地球全体の気候変動や温暖化は大きな社会問題として位置付いている。これらの問題解決のために国連が中心的な役割を担い対応に当たっている。

スポーツにおいて環境問題を考える場合、スポーツ施設の建設に伴う森林伐採やスポーツ実施者や観戦者によるゴミ問題、またスポーツ活動における近隣住民への生活環境の破壊行為など、スポーツにおける環境への配慮は切り離せない関係にある。

近年、健康志向の高まりによって登山を行う人々が老若男女を問わず増えてきている。登山は、自然豊かな環境の中で、その地形の変化に挑戦し頂上を目指すところに醍醐味がある。中でも富士山は、比較的軽装備で登山をすることができ、初心者でも可能なことから多くの登山客を集める場所となっている。しかし、多くの登山者が持ち込んだゴミや排泄物処理が大きな問題となっている。また登山者による、生息している植物を持ち帰るといった問題も発生している。いずれの問題も、登山というスポーツを楽しむ中で引き起こされる問題であり、生態系を破壊する行為となる。スポーツを行う者によって環境破壊行為が行われている現実がここにあるといえる。この様な事態を受け、環境省を始め様々なNPOの団体が環境保全活動に取り組んでいる。このような中、2014（平成26）年からは、富士山の環境保全を目的とした入山料の徴収を任意

で登山者に実施するなど、様々な対策が講じられている。

　登山という特定のスポーツ活動における環境問題を例に挙げたが、私たちが身近にスポーツ活動を行う中でも環境問題が発生している。私たちがスポーツ活動を行う時間帯は、比較的夕方から夜にかけて行うことが多い。夜間のスポーツ実施時の屋外照明による漏れ光「光害（ひかりがい）」についても大きな社会問題となっている。競技場から発生する光がしばしば近隣住民の生活環境を破壊するとして問題が生じている。

　スポーツにおける環境問題として2つの例をあげたが、登山に関わる環境問題は、スポーツ実践者がしっかりとした環境保全義務を持ちスポーツ活動を行わなければならない事例であり、この問題は解決可能な問題であるといえる。一方、後者の問題は解決の糸口を見出していくのが困難であるといえる。それは、多くのスポーツ活動の時間帯は夜間に集中している。またわが国では季節によって日照時間が異なり、冬場では早い時間帯から照明を使用してスポーツ活動を行わなければならないからである。照明をしなければ近隣住民への生活環境は保持される。しかしながらそれでは、スポーツ活動を実施することができない。このことから、照明を使用してのスポーツ活動では、いかに地域住民との「折り合い」をつけるかが重要な課題であるといえる。いずれにせよ、スポーツ活動を行う際には、環境に配慮した取り組みが重要であるといえる。

3．国際社会の変化と問題

（1）国際紛争の激化とスポーツ

　18世紀後半に誕生した近代スポーツは、私たちの文化として位置づいている。文化として位置づいたスポーツは、スポーツ基本法の前文にも記載されている通り、世界共通の人類の文化となっている。また、20世紀以降世界情勢は、世界的には2度の大戦を経験し、地域では民族紛争など世界の至る所で対立が発生してきた。戦争や紛争が発生するたび

に、私たちは4年に一度開催されるオリンピックで「平和」が語られるのを知っている。

　2000（平成12）年に開催されたシドニーオリンピックでは、朝鮮戦争以降分断状態にある大韓民国の選手団と北朝鮮民主主義人民共和国の選手団が朝鮮半島を描いた統一旗を掲げ、両国が同時に入場行進をした。朝鮮半島の国家統一の問題を世界に配信し、世界中の人々は、朝鮮半島問題の早期解決を願った。また、この大会では、オリンピック個人参加選手団（Individual Olympic Athletes）の参加も話題となった。オリンピック個人参加選手団とは、オリンピックの参加は各国・地域の国内オリンピック委員会（NOC）に登録されている選手のみが参加することが許されているが、NOCを設立できない状況がある国に対して、IOCが救済措置として個人参加を認める制度である。

　2016（平成28）年のリオデジャネイロオリンピックでは、国内の紛争、人種差別、宗教的迫害、政治的迫害などによって自国を逃れて難民状態で生活する人々で構成した「オリンピック難民チーム（ROT：Refugee Olympic Team）」が出場した。

　前述したようにオリンピックは、「平和」を願う祭典として位置付く一方、国際情勢の変化に伴う国家間の対立を代理紛争の場として提供をしてきたことも事実である。オリンピックを始めとする国際的なスポーツ大会は、自国民に対するナショナリズム高揚の装置として利用されてきたことに原因が求められる。特に多民族で形成されている国家においては、国民統合が大きな政治課題となる。国民統合を図る為に、スポーツにおいてトップアスリートの育成・強化を図っている場合がある。多額の国家予算を投じて育成・強化されたトップアスリートたちは、国の期待を背負い他国の選手またチームと対決し、勝敗を競い合う。これまでの国際的なスポーツ大会での勝敗が、その後の国家対立に繋がる事例がこれまで数多く発生してきた。

　ピエール・ド・クーベルタン男爵は、世界平和を願う目的でオリンピックを提唱した。オリンピックの開催のたびに、世界の人々は「平和」の

確認を行ってきた。その一方、そこで繰り広げられる試合の結果によっては、国家間の対立を招く事態が発生することがあった。今、スポーツを観戦する人々のスポーツを理解する力が必要とされる。

（2）ボーダレス社会とスポーツ

　科学技術の進歩は、私たちの生活を大きく変化させるものとなった。航空機の大型化が図られ、多くの人々が世界中を移動することが可能となった。またインターネットの普及により、世界中がネットワークで繋がり、世界中の人々がリアルタイムでコミュニケーションを取ることが可能となった。このような現象は、国境という壁があたかもないようなボーダレス社会を生んだ。ボーダレス社会においてスポーツの役割は非常に大きなものとなった。スポーツが、世界共通の人類の文化であるといわれるように、スポーツは世界中の人々の文化であるといわれるように、異なる言語を話す世界の人々をひとつにつなげることを可能にする。

　ボーダレス社会は、スポーツを職業とする人々の活躍の場を広げたと言える。現在では、様々なスポーツ種目において海外で活躍する選手が増えてきている。これまでの日本人選手の海外での活躍は、海外チームのスカウトの目にとまり多額の報酬を得て海外でプレーをしてきた例が多かった。しかし、サッカーなどは多くの国々でプロリーグ化が進んでおり、国単位でサッカーのレベルを示す基準となっている FIFA ランキングで日本より下位の国に行って、サッカーを行う日本人選手も増えてきている。近年では、東南アジア諸国のシンガポールやタイなどのプロリーグで日本人選手が活躍している。これらはボーダレス社会がもたらした結果といえる。

　わが国においては、国際的な大会で活躍できる選手を育成する為、国際競技力向上に関する方策において選手の育成・強化が図られ、多くのトップアスリートが誕生している。その中で、4年に一度開催されるオリンピックは多くのトップアスリートにとって大きな目標となっている。しかし、オリンピックに出場できる選手は限られており、トップア

52

スリートの中でも一握りの選手しか出場できないのが現実である。このことは、世界の国々も同じである。自国の代表としてオリンピックに出場できないトップアスリートは、競技力の低い国の国籍を取得し代表となり、オリンピックへ参加する手段を選ぶ事例もこれまでに多く存在している。

　ここでいつも問われるのが、「選手の夢」とか「国を代表することとは何か」である。ボーダレス社会とスポーツは、スポーツ選手にとっては、自らの出場機会の拡大に繋がった一方、国境の壁が低くなるに伴い、国籍変更も容易に行え、国を代表することや国の意味を考えることを突きつけたといえる。

（3）南北問題とスポーツ

　グローバル社会の進展は、国際社会において大きな変化をもたらしてきた。「南北問題」とは、国家間の経済格差の問題をさす。ボーダレス社会は、人・もの・金・情報が容易に移動することができるようになり、様々な国で経済活動が可能となった。それに伴い、国家間において先進国と開発途上国という形で、経済格差が生じるようになった。先進国とは、経済や文化の面において比較的進歩した国（広辞苑・6版）としているが、具体的な基準が明確になっている訳ではない。また、開発途上国の定義も明確ではないが、国民所得が相対的に低い国をさす場合が多い。国民所得を基準にして国を評価した場合、現在では北半球に国民所得の高い国々が多く集まり、南半球に国民所得が低い国々が集中している。

　このような状況の中で、南北問題とスポーツを考える中で、様々な問題をあげることができる。一つは、多額の費用を必要とするオリンピック等のメガイベントの開催が北半球に集中してしまう問題がある。2012（平成24）年に開催されたロンドンオリンピックの開催費は1兆1350億円（AFP通信2012（平成24）年10月27日付）であり、小国の年間予算に匹敵する。多額の費用を投じてもオリンピックの開催は経済の活

性化に大きく貢献し経済成長に繋ると考えられている。オリンピック等のメガイベントの開催は、気がついたら富が富を生む連鎖に組み込まれ一層南北間の格差を生じさせているともいえる。

　南北問題とスポーツの関係として選手強化の問題も挙げることができる。現在のスポーツ選手の強化はGDPと大きく関係している。経済力の高い国では多額の選手強化費を投じて選手の強化・育成を行なっている。また、これらの国では野球やサッカーなどのプロリーグを有しており、優秀な選手を多額な報酬で獲得でき、北半球を中心とする国々に世界各国から優秀な選手が集まってくる。優秀な選手が集まることは、リーグの活性化に繋がり、直接的に自国の競技力向上に繋がる。

　このように、南北問題とスポーツの関係は、スポーツを考える上で非常に大きな問題を孕んでいるといえる。この問題を通してスポーツを見たときに、オリンピックは出場することに意味があるといったことやスポーツ機会の平等といった言葉はもはや幻想に聞こえてくるのかもしれない。

第3章 スポーツの組織

1. 日本のスポーツ行政組織

（1）国のスポーツ行政組織の変遷

　私たちが生活する社会において、様々な課題や問題が存在する。地域・市・県・国・世界規模と解決しなければならない課題や問題は多岐にわたっている。現代国家では、多くの人々が関わる課題や問題に対して行政組織を形成し、解決を図っている。この行政組織は、様々な社会状況に応じて組織を設置・改組等を行い対応してきた。

　わが国において内閣制度及び国家行政組織が発足したのは1885（明治18）年のことである。それ以前に採用されていた太政官制を廃止し、責任政治を行うための体制を整えることを目的に内閣総理大臣、外務、内務、大蔵、陸軍、海軍、司法、文部、農商務、逓信の9省から構成される内閣制度を採用した。

　その後、産業の進展、社会福祉の向上、戦時行政遂行などの社会状況の変化に応じ一部改変はあったものの、第2次世界大戦終戦までこの内閣制度及び行政組織は維持された。

　第2次世界大戦で敗戦国となったわが国は、連合国軍最高司令官総司令部を中心として制度及び政府機関の変革が進められ、1948（昭和23）年6月に国家行政組織法が施行された。この法律の施行により、総理府、法務府、外務省、大蔵省、文部省、厚生省、農林省、通商産業省、運輸省、郵政省、電気通信省、労働省、建築省の2府11省の新体制が確立され、各組織が明確に定義された権限の領域を持つようになった。その後、1960（昭和35）年に自治庁が自治省へ改組、1971（昭和46）年に環境庁、1972（昭和47）年に沖縄開発庁、1973（昭和48）年通商産業省に資源エネルギー庁、1974（昭和49）年国土庁が設置・発足した。

図5　中央省庁一覧図

出典：筆者作成

第3章　スポーツの組織

　1997（平成9）年における行政改革会議の最終報告に基づき、1998（平成10）年に中央省庁等改革基本法が成立及び施行された。これにより、2001（平成13）年1月に1府12省庁体制が確立された。2007（平成19）年には防衛庁が防衛省に昇格し、2008（平成20）年には国土交通省の外局として観光庁が設立された。現在の中央省庁は、図1のようになっている。各省によっては、本省に加え、委員会と庁の外局を設置している。

　このような国家行政組織においてスポーツを所管とする省庁は文部科学省とされている。これは国家行政組織法、文部科学省設置法、文部科学省組織令を法的根拠としていることによるものである。

　国家行政組織法により文部科学省の設置が明記され、これを受け文部科学省設置法において「文部科学省は、教育の振興及び生涯学習の推進を中核とした豊かな人間性を備えた創造的な人材の育成、学術、スポーツ及び文化の振興並びに科学技術の総合的な振興を図るとともに、宗教に関する行政事務を適切に行うことを任務とする」とその任務が規定されている。文部科学省は、上述した2001（平成13）年における中央省庁等改革基本法の成立及び施行により、当時の文部省と科学技術庁が統合し発足した省である。

　わが国でスポーツを所管する省庁や内部部局の変遷は以下の通りである。

1878（明治11）年　文部省直轄の体操伝習所が創設

1900（明治33）年　文部省大臣官房に学校衛生課が新設

1924（大正13）年　文部省直轄の体育研究所が創設

1928（昭和3）年　文部省分課規程の改正によって学校衛生課が体育課に改称

1929（昭和4）年　文部大臣の諮問機関として体育運動審議会が設置

1938（昭和13）年　厚生省が創設され学校体育を除く社会体育は、

57

文部省から厚生省体力局に移管

1941（昭和16）年　大臣官房体育課を昇格させる形で体育局が新設。

1945（昭和20）年　学徒動員局に吸収される形で体育局は廃止

1946（昭和21）年　文部省に体育局が再び設置

1949（昭和24）年　社会教育局運動厚生課が所掌し再び体育局が廃止

1958（昭和33）年　文部省に体育課、運動競技課、学校保健課、学校給食課の4課からなる体育局が設置

1962（昭和37）年　運動競技課からスポーツ課へ改称

1988（昭和63）年　文部省に、生涯スポーツ課と競技スポーツ課

2001（平成13）年　文部科学省に企画・体育課、生涯スポーツ課、競技スポーツ課、学校健康教育課、青少年課からなるスポーツ・青少年局を設置

2014（平成26）年　企画・体育課をスポーツ・青少年企画課、生涯スポーツをスポーツ振興課に名称変更

2015（平成27）年　スポーツ庁が発足
政策課、健康スポーツ課、競技スポーツ課、国際課、オリンピック・パラリンピック課及び参事官を設置

　このように、スポーツを所管する部局は、時代の変化に伴って改組されてきたが、これは同時にわが国のスポーツの捉えられ方を反映したものである。つまり、戦時中の1945（昭和20）年当時において体育・スポーツは、「富国強兵・殖産興業」政策に沿って行われた。そして、終戦直後、体育・スポーツは社会経済の建て直しを健康の面から支え、オリンピック東京大会以降は、国民の健康と競技力向上を図ることを目的に行われた。その後は、より広く国民のニーズに対応するため、スポーツ施策を総合的に推進するために対応した組織の改組が行われたと見ることができる。

第3章　スポーツの組織

（2）地方自治体のスポーツ行政組織

　わが国は、日本国憲法第8章「地方自治」において地方の自治権を保障している。第92条では「地方公共団体の組織及び運営に関する事項は、地方自治の本旨に基づいて、法律でこれを定める」とし、地方自治の基本原則を規定している。つづく第93条では、「地方公共団体には、法律の定めるところにより、その議事機関として議会を設置する」、「2　地方公共団体の長、その議会の議員及び法律の定めるその他の吏員は、その地方公共団体の住民が、直接これを選挙する」とし住民自治の保障について規定している。また第94条で「地方公共団体は、その財産を管理し、事務を処理し、及び行政を執行する権能を有し、法律の範囲内で条例を制定することができる」とし、第95条では「一の地方公共団体のみに適用される特別法は、法律の定めるところにより、その地方公共団体の住民の投票においてその過半数の同意を得なければ、国会は、これを制定することができない」とし団体自治を保障する構成となっている。

　またその大綱は、地方自治法で示されている。地方自治法は日本国憲法で規定された「地方自治の本旨」に基づき、「地方公共団体の区分並びに地方公共団体の組織及び運営に関する事項の大綱を定め、併せて国と地方公共団体との間の基本的関係を確立することにより、地方公共団体における民主的にして能率的な行政の確保を図るとともに、地方公共団体の健全な発達を保障すること」を目的とし1947（昭和22）年に制定されたものである。地方自治法では、地方自治体（地方公共団体）を普通地方公共団体と特別地方公共団体に区別している。普通地方公共団体とは、市町村と都道府県を指し、2014（平成26）年4月現在の、市町村数は1718（790市745町183村）であり、都道府県は47（1都1道2府43県）である。特別地方公共団体には、特別区、地方公共団体の組合及び財産区がある。

　特別区とは東京都の23区を指し示すものの、実際には市町村とほぼ

同じ機能を有している。

　1993（平成5）年に国会で「地方分権の推進に関する決議」がなされ、1995（平成7）年に「地方分権推進法」が成立するに至った。これに基づいて地方分権推進委員会、及び地方六団体による地方分権推進本部が設置され、地方分権推進委員会は5次にわたる勧告を行った。1999（平成11）年7月に「地方分権の推進を図るための関係法律の整備等に関する法律（地方分権一括法）」が成立、2000（平成12）年4月から原則施行された。この法律は、475本の法律改正を一括形式で行うものであった。また、これに併せて地方自治法も大幅に改正された。地方自治法の改正等によって、県や市町村が国の地方機関として行っていた数多くの機関委任事務が廃止されるとともに、地方行政への国の関与が大幅に削減され、市町村・都道府県と国は上下・主従の関係ではなく、対等、協力の関係とされた。このような地方分権改革は、明治維新、戦後改革に次ぐ第三の改革とも言われている。

　また、地方分権が進むと同時に、財政難に対応するために、市町村合併がなされた。国は、1999（平成11）年に市町村合併特例法の改正や、2004（平成16）年の市町村の合併に関する合併三法（合併新法、改正現行合併特例法、改正地方自治法）を制定し、合併を進めた。市町村数は、1999（平成11）年3月31日には、3232あったものが、2006（平成18）年4月1日には、1820と減少した。これは明治の大合併、昭和の大合併に次ぐ「平成の大合併」と呼ばれ、多くの市町村の合併が新たな自治体を誕生させた。

　このような地方自治体におけるスポーツは、教育委員会の所管事項として展開されてきた。これは「地方教育行政の組織及び運営に関する法律」（以下、地教行法とする）第23条を根拠としたものであった。しかし2007（平成19）年に地教行法が改正されたことにより自治体が条例を定めることでスポーツに関すること（学校における体育に関することを除く。）については首長部局が管理・執行することができるようになった。これによりスポーツ担当部局を教育委員会から首長部局に移管する

地方自治体がみられるようになった。

　また2011（平成23）年に公布されたスポーツ基本法において、「地方公共団体は、基本理念にのっとり、スポーツに関する施策に関し、国との連携を図りつつ、自主的かつ主体的に、その地域の特性に応じた施策を策定し、及び実施する責務を有する」とその責任が規定された。第10条においては、地方公共団体は国がスポーツに関する施策の総合的かつ計画的な推進を図るため、スポーツの推進に関する基本的な計画（スポーツ基本計画）を参酌して、その地方の実情に即したスポーツの推進に関する計画（以下「地方スポーツ推進計画」という）を定めるよう努めるものとするとしている。さらに第31条ではスポーツの推進に係る体制の整備として、都道府県及び市町村に、地方スポーツ推進計画その他のスポーツの推進に関する重要事項を調査審議させるために、審議会その他の合議制の機関を置くことができるとしている。

　このように地方自治体におけるスポーツは、スポーツ基本法、スポーツ基本計画そして地方スポーツ推進計画をもとに、教育委員会、首長部局が中心となり展開されている。

2．スポーツに関連する行政組織

（1）スポーツ関連省庁

　わが国におけるスポーツを所管する専管省庁は文部科学省である。しかし、スポーツ振興を健康づくりや体力づくりまで広げて捉えると多くの中央省庁が関わっており、文部科学省以外においても、各省庁の行政事務事項と関連する事項として、スポーツに関連した施策や事業が展開されている。

　例えばわが国の競技力向上の基盤となってきた企業スポーツは文部科学省と経済産業省の境界領域ともいえる。

　地方自治体の健康・体力づくり事業や介護保険法に基づく介護予防

サービス、全国健康福祉祭 (ねんりんピック) といったイベントなど、健康・保健・福利厚生の側面からみた運動・スポーツ振興は厚生労働省が、国民体育大会などの競技大会の会場となる総合公園や運動公園の施設整備及びプールの安全標準指針などは国土交通省が、スポーツツーリズムの振興については観光庁が所管している。

　総務省は、スポーツ拠点づくり推進事業を行っており、環境省は、自然公園の施設整備や野外教育、エコツーリズムなどの施策を展開している。

　スポーツを利用した外交展開などに関しては、外務省が所管し、スポーツ施設・用品産業やプロスポーツやスポーツ産業、余暇・レジャーに関しては経済産業省が所管している。

　このようにスポーツは多くの省庁が関与する複合的な行政領域である。これによりそれぞれが独自にスポーツに関連する施策を行う縦割り行政が、長らく日本のスポーツ政策をわかりにくくし、統合性を欠く一因となっていた。

　この影響を受け、分野が重複、競合する場合も散見されるようになり、スポーツを通じて得られる多様な便益への期待から、各分野にまたがるスポーツ関連施策を総合的に推進し、その効果を高めることが、スポーツ行政に求められた。

　その結果、平成 23（2011）年に施行された、スポーツ基本法の第 30 条に「政府は、スポーツに関する施策の総合的、一体的かつ効果的な推進を図るため、スポーツ推進会議を設け、文部科学省及び厚生労働省、経済産業省、国土交通省その他の関係行政機関相互の連絡調整を行うものとする」と規定された。スポーツ庁の設置とともにスポーツ推進会議もスポーツ庁の所管となった。また平成 28（2016）年度スポーツ関係予算案額調における各省庁の事業は表 2 のとおりであり、各省庁間におけるスポーツ関連事業の調整が行われている。

第3章　スポーツの組織

表2　平成28年度スポーツ関連予算案　各省総括表

省庁名	事項・事業名	事業内容
外務省	無償資金協力（一般文化無償資金協力）、草の根文化無償資金協力、草の根・人間の安全保障無償資金協力）	開発途上国に対する文化面を含むバランスのとれた経済社会開発を支援する開発協力の一環として、スポーツ関連施設の整備や器材供与等の事業を実施。草の根・人間の安全保障無償資金協力については、開発途上国に対する開発協力の一環として、教育施設の整備等を行い、スポーツ振興の前提となる青少年の育成を草の根レベルで支援する事業を実施。
	JICA技術協力	開発途上国に対するODAの一環として、JICAボランティアの派遣や技術協力プロジェクト、研修員受入、草の根技術協力事業等を行う。
	在外公館文化事業	在外公館文化事業のスキームを活用し、日本文化紹介の一環として日本の武道への理解と関心を高める。
	国際交流基金事業	国際交流基金のスキームを活用し、日本文化専門家の派遣及び文化スポーツ分野の人材育成支援を行う。
	スポーツ外交推進事業	スポーツ外交推進の観点から、今後様々な機会をとらえて国際貢献を果たすために必要な事業を行う。
	地域において障害者がスポーツに親しむことができる環境の整備等	①障害者健康増進・運動医科学支援センター 　国立障害者リハビリテーションセンター障害者健康増進・運動医科学支援センターにおいて、障害者の健康の増進を目的として総合健診（人間ドック）及び生活習慣病の予防等に取り組むとともに、障害者の身体機能の増進を目的として運動医科学支援を実施 ②地域生活支援事業 （市町村事業）各種レクリエーション教室や運動会を開催する経費を一部補助する。（都道府県事業）指導員の養成や各種レクリエーション教室や運動会を開催する経費を一部補助する。
	健康増進総合支援システム事業費	インターネットなどを活用して、科学的知見に基づく正しい情報を発信するとともに、生活習慣の改善に資する自己完結型プログラムや、それを踏まえて保健師等の専門家の個別指導が受けられる双方向対話プログラムの提供を行う。 ①運用・保守事業 　健康増進総合支援システムの運用・及び改善に必要な経費である。 ②情報提供事業 　生活習慣病予防に関する科学的知見に基づく正しい情報の発信を行うための経費である。
	健康日本21の増進（普及啓発事業費（本省費））	全国健康福祉祭及びこれに関する事業に要する経費を補助する。
	次世代育成支援対策整備交付金	都道府県立、市町村立、社会福祉法人立等の児童館・児童センターの整備に要する経費を補助する。
	放課後児童クラブの整備	市町村が、子ども・子育て支援法における市町村子ども・子育て支援事業計画及び放課後子ども総合プランに基づき、放課後児童クラブを整備するために要する経費の一部を補助する。
国土交通省	国営公園整備費	直轄事業により国営公園を整備する
	都市公園等の整備	都市公園の整備に要する経費を一部補助する
	ビジット・ジャパン関連事業	訪日外国人旅行者数2000万人を実現するとともに更なる地方への誘客・地方での旅行消費拡大を強力に促進するため、これまで以上に戦略的な政策誘導の重要性を強く意識して効果的な訪日プロモーションを展開する。実施にあたっては、在外公館や関係府省庁、地方公共団体、民間企業等との連携を推進し、オールジャパン体制で取り組む。
	テーマ別観光による地方誘客事業	国内外の観光客が全国各地を訪れる動機を与えるため、特定の観光資源に魅せられて日本各地を訪れる「テーマ別観光」は、旅行者に複数地域へ訪れる「テーマ別観光」のモデルケースの形成を促進し、新たな旅行需要を創出する。
農林水産省	国有林野利用整備費	国有林内において優れた自然環境を有し、森林浴や自然観察、野外スポーツ等に適した森林として設定した「レクリエーションの森」及び国有林内の保健保安林の施設整備等を実施する。
環境省	自然公園等利用ふれあい推進事業経費	自然とのふれあいの推進及び事故防止等についての普及啓発や、全国の地方環境事務所における山や里、川、海などをフィールドとした自然観察会、ウォーキング等様々な自然ふれあいプログラムを実施する。

出典：スポーツ推進会議（第2回）配布資料より作成

63

（2）独立行政法人日本スポーツ振興センター

　わが国のスポーツの推進には、前述したとおり文部科学省及びその外局であるスポーツ庁を中心とし、スポーツ関連省庁、地方自治体などが関わっている。

　これらの組織に加え、独立行政法人の組織もわが国のスポーツの推進に大きな役割を果たしている。独立行政法人とは、国民生活及び社会経済の安定等の公共上の見地から確実に実施されることが必要な事務及び事業であって、国が自ら主体となって直接に実施する必要のないもののうち、民間の主体に委ねた場合には必ずしも実施されないおそれがあるもの又は一の主体に独占して行わせることが必要であるものを効果的かつ効率的に行わせるため、中期目標管理法人、国立研究開発法人又は行政執行法人として、独立行政法人通則法及び個別法の定めるところにより設立される法人のことをいう。

　スポーツ庁が所管している独立行政法人には、独立行政法人日本スポーツ振興センターがある。独立行政法人日本スポーツ振興センター（以下、センターとする）は、特殊法人等の整理合理化計画に基づき、日本体育・学校健康センターを移行する形で 2003 年（平成 15）に設立された独立行政法人である。センターは、独立行政法人日本スポーツ振興センター法に基づき設立され、その目的は、「スポーツの振興及び児童、生徒、学生又は幼児（以下「児童生徒等」という。）の健康の保持増進を図るため、その設置するスポーツ施設の適切かつ効率的な運営、スポーツの振興のために必要な援助、小学校、中学校、義務教育学校、高等学校、中等教育学校、高等専門学校、特別支援学校、幼稚園又は幼保連携型認定こども園（第十五条第一項第八号を除き、以下「学校」と総称する。）の管理下における児童生徒等の災害に関する必要な給付その他スポーツ及び児童生徒等の健康の保持増進に関する調査研究並びに資料の収集及び提供等を行い、もって国民の心身の健全な発達に寄与すること」とされ、その業務は、独立行政法人日本スポーツ振興センター法に規定され、

第3章　スポーツの組織

以下のような業務内容となる。

　　独立行政法人日本スポーツ振興センターの業務
　　　○スポーツ施設の運営及びスポーツの普及・振興に関する業務
　　　○災害共済給付及び学校安全支援業務
　　　○スポーツ医・科学研究・支援業務
　　　○味の素ナショナルトレーニングセンターの管理・運営業務
　　　○スポーツ振興投票等業務
　　　○スポーツ振興のための助成業務
　　　○日本のスポーツ情報戦略機能の強化に関する業務
　　　○登山に関する指導者養成及び調査研究業務
　　　○スポーツ博物館・図書館の管理・運営業務
　　　○受託業務
　　　○関係機関との連携・協働に関する取組
　　　○スポーツに関する活動が公正かつ適切に実施されるようにするた
　　　　め必要な業務
　　　○日本のスポーツ推進のための開発・支援業務
　　　○ハイパフォーマンスに関する事業等の戦略的な推進業務

3．各競技団体の組織

　わが国のスポーツ振興において民間団体が果たす役割も大きい。文部
科学省は、従前から様々な民間団体との連携を図りながら、国民のスポー
ツ活動の促進を図ってきた。
　そのような民間団体において、重要な役割機能を有しているのが公益
財団法人日本スポーツ協会と公益財団法人日本オリンピック委員会であ
る。公益財団法人日本スポーツ協会と公益財団法人日本オリンピック委
員会は、わが国のスポーツ推進において民間団体の両輪を担っている。

65

（1）公益財団法人 日本スポーツ協会

　公益財団法人 日本スポーツ協会（以下、日ス協とする）は、「わが国、国民スポーツの統一組織としてスポーツを振興し国民体力の向上を図り、スポーツ精神を養うこと」を目的としている。前身は、1911（明治44）年に日本人初の国際オリンピック委員会委員を務めた嘉納治五郎を会長として設立された大日本体育協会である。2018（平成30）年に日本スポーツ協会と名称を変更した。日ス協は種目統括団体としての役割を担っており、国内におけるスポーツを各競技別に統轄するスポーツ団体として、62の団体が加盟または準加盟している。また都道府県におけるスポーツを総合的に統轄する47都道府県体育協会等も加盟団体となっている。

　日ス協の目的は、定款第3条により「わが国、国民スポーツの統一組織としてスポーツを振興し国民体力の向上を図り、スポーツ精神を養うことを目的とする」と規定されている。さらにこの目的を達成させるために、第4条においてその事業が以下のように規定されている。

（1）国民体育大会及び日本スポーツマスターズを開催すること。
（2）都道府県体育協会をはじめとする地域のスポーツ組織の基盤整備及び地域スポーツクラブの育成を支援すること。
（3）スポーツ指導者を育成すること。
（4）この法人が実施する各種スポーツ振興事業をはじめ、スポーツに関する普及啓発を図るための広報を実施すること。
（5）国民スポーツ振興に関する各種表彰・顕彰事業を実施すること。
（6）国民スポーツ振興に関する国際交流事業を実施すること。
（7）スポーツ少年団をはじめ青少年スポーツを育成すること。
（8）国民スポーツ振興に関する研究調査並びに競技者の健康を管理すること。
（9）この法人の特別記念事業を実施すること。

第3章　スポーツの組織

(10) わが国スポーツ振興の拠点となる施設の管理運営及び賃貸を実施すること。

(11) その他この法人の目的を達成するために必要な事業
このような事業を実施している日ス協は、生涯スポーツの振興の性格が強く、わが国における生涯スポーツを所管する民間団体であるといえる。

（2）公益財団法人 日本オリンピック委員会

日本オリンピック委員会（以下、JOCとする）の歴史は、1912（明治45）年にストックホルムで開催された第5回オリンピック競技大会参加のため、1911（明治44）年7月に大日本体育協会が設立されたことにはじまる。以降、JOCは国内オリンピック委員会として、国際競技力向上、オリンピック等国際総合競技大会の派遣ならびにオリンピック・ムーブメント普及・啓発に、常にオリンピックの担い手として、国際スポーツの振興に貢献してきたといえる。1991（平成3）年には、オリンピックモスクワ大会ボイコット問題が契機となり財団法人日本体育協会（現・日本スポーツ協会）から独立した。JOCは国内唯一のオリンピック委員会として、選手の育成・強化を中心とした国際競技力の向上とオリンピック・ムーブメント普及・啓発を事業としている。JOCは目的達成のために必要と認められるスポーツ団体等を加盟団体としている。加盟団体は、正加盟団体と準加盟団体及び承認団体に区分分けされている。

JOCの目的は「オリンピック憲章に基づく国内オリンピック委員会として、オリンピックの理念に則り、スポーツ等を通じ世界の平和の維持と国際的友好親善、調和のとれた人間性の育成に寄与すること」と定款で定められている。その目的を達成するために、選手強化、強化スタッフの育成及びこれらの支援、オリンピック・ムーブメントの推進、オリンピック競技大会等国際総合競技大会への選手団派遣及び成績優秀者等の表彰、並びにこれら大会の招致、開催、事業の遂行に必要な財源調達

のための知的所有権の管理及び商標提供の4点を事業として定めている。また公益目的事業として選手強化、強化スタッフの育成及びこれらの支援、オリンピック・ムーブメントの推進、オリンピック競技大会等国際総合競技大会への選手団派遣及び成績優秀者等の表彰、並びにこれら大会の招致、開催の3点を柱として事業展開を行っている。

このようにJOCの事業はオリンピックを通しての競技力強化の性格が強く、わが国の競技スポーツを担う民間団体であるといえる。

第4章 スポーツ財政

1．日本のスポーツ財政

(1) 国家予算とスポーツ予算

　日本の国家予算には「一般会計予算」と「特別会計予算」がある。「一般会計予算」は日本の主な歳入（収入）・歳出（支出）を管理するものであり、「特別会計予算」は特定の歳入を特定の歳出にあてるために、一般会計予算とは別に設けられている予算である。2015（平成 27）年度現在、経過的なものも含めて 14 の特別会計が設置されている（真渕、2009a）。国家予算規模について、2017（平成 29）年度の一般会計予算は、約 97 兆円である。歳出（図 6）は、「社会保障」が 32.5 兆円（33．3％）、「国債費」が 23.5 兆円（24.1％）、「地方交付税交付金等」が 15.6 兆円（16.0％）となっており、これら 3 経費で、一般会計歳出の 7 割以上を占めている。一方、歳入（図 7）は「租税及び印紙収入」が 57.7 兆円（59.2％）、「公債金」が 34.4 兆円（35.3％）、「その他の収入」が 5.4 兆円（5.5％）である。

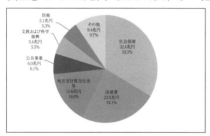 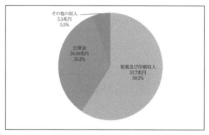

図6　平成 29 年度一般会計歳出　　図7　平成 29 年度一般会計歳入
　　　　　　　　　　　　　　　　　　　　財務省資料より作成

　日本は税金をスポーツにどのように使用しているのだろうか。
　まず、スポーツ庁の予算（図 8）について見ていくこととする。スポーツ庁の予算は文部科学省の一般会計予算に組み込まれている。2015（平成 27）年 10 月にスポーツ庁が設置され、2016（平成 28）年度の予算

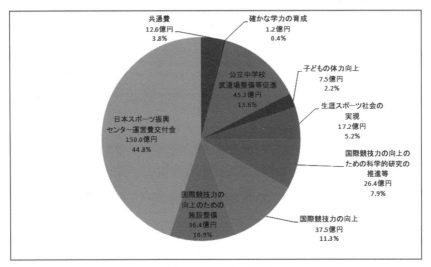

図8　平成29年度スポーツ庁予算
文部科学省資料より作成

額は324億円であった。2017（平成29）年度の予算額は約334億円で、2016（平成28）年度に比べて、約10億円増額されている。スポーツ庁の予算規模は国家予算の約0.3％で、国家予算全体から見たら、小さい財政規模といえる。

　予算の内訳を見てみると、「共通費」は12.6億円（3.8％）計上されており、職員の人件費や手当、施設の維持管理運営費、が主要事項となっている。

　「確かな学力の育成」は1.2億円（0.4％）計上されており、学習指導要領改訂に伴う会議費・調査費と私立学校施設整備費補助金が主要事項となっている。

　「子どもの体力向上」は7.5億円（2.2％）計上されており、「全国体力・運動能力、運動習慣等調査」、子どもの体力向上課題対策プロジェクト、武道等指導充実・資質向上支援事業、運動部活動の在り方調査研究事業、が主要事項となっている。

　「生涯スポーツ社会の実現」は17.2億円（5.2％）計上されており、スポーツによる地域活性化推進事業、スポーツ産業成長促進事業、大学横

断的・競技横断的統括組織創設事業、スポーツ人口拡大に向けた官民連携プロジェクト、地域における障害者スポーツ普及促進事業が主要事項となっている他、日本スポーツ協会、日本障がい者スポーツ協会への補助金も含まれている。

「国際競技力の向上のための科学的研究の推進等」は約26.4億円（7.9％）計上されており、スポーツ医・科学等を活用した高度な支援事業、スポーツ医・科学を活用した高度な支援基盤整備事業、が主要事項となっている。

「国際競技力の向上に必要な経費」は約37.5億円（11.3％）計上されており、スポーツ・フォー・トゥモロー等推進プログラム、ナショナルトレーニングセンター競技別強化拠点施設活用事業、女性アスリートの育成・支援プロジェクトが主要事項となっている他、日本武道館や日本オリンピック委員会への補助金、国民体育大会開催事業費、世界ドーピング防止機構（WADA）やアジアドーピング防止機構（AADF）への拠出金も含まれている。

「国際競技力の向上のための施設整備」は約36.4億円（10.9％）計上されており、そのほとんどがナショナルトレーニングセンター施設整備に充てられている。

このように、子どもの体力向上や生涯スポーツには、全体の10％も計上されていないのに対し、国際競技力の向上に対しては、約100億円（30.0％）が計上されている。つまりスポーツ庁は国際競技力の向上にウェイトを置いた予算配分であるといえる。

（2）体力つくり関係予算

スポーツ庁が設置されるまでは、スポーツに関連する予算は、文部科学省予算と体力つくり関係予算という2つの枠組みで捉えられることが多かった。体力つくり関係予算とは多くの省庁がスポーツそれ自体の普及・振興をはじめ、直接的あるいは間接的に体力つくりや健康づくり、さらには地域づくりなどといった関連施策を行っており、それらをまと

めた予算を指す。スポーツ庁の設置後は、体力つくり関係予算の取りまとめの動きは見られないが、スポーツに関する予算を理解するためには有意義であるため、説明することとする。

　体力つくり関係予算に関する各府省庁の予算は、「施設に関する施策」、「指導者の養成に関する施策」、「組織の育成等に関する施策」、「事業の振興に関する施策」に大別される。「施設に関する施策」はスポーツ施設やレクリエーション施設、国有林野を整備し普及するもの、「指導者の養成に関する施策」は多様化・高度化するニーズに対応できる指導者の養成等を行うもの、「組織の育成等に関する施策」は体力つくりに関わる事業を実施する組織への補助等を行うもの、「事業の振興に関する施策」は体力つくりの重要性等の普及・啓発、プログラムの開発・普及等を行う予算である。文部科学省以外の各府省庁における施策について、厚生労働省は生活習慣病対策の推進や健康寿命の延伸、国土交通省は健康やスポーツの拠点となる都市公園の整備、農林水産省は食育活動の推進を主に行っている（月刊体育施設、2015）。

　予算額の推移を見てみると、2009（平成21）年度から徐々に減少傾

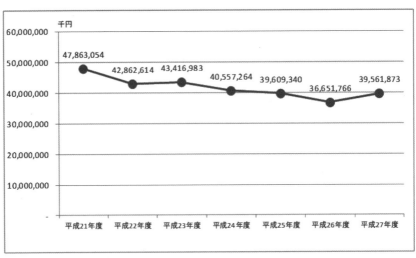

図9　体力つくり関係予算

月刊体育施設より作成

向にあり、2015（平成 27）年度までに約 800 億円減額している。2015（平成 27）年度予算額を省庁別にみると、文部科学省が約 355 億円、厚生労働省が約 29 億円、農林水産省が約 12 億円となっている。体力つくり関係予算はスポーツに関する各府省庁の予算全てを取り上げているというわけではなく、予算額も計上できる施策しか含めていない。スポーツは実際様々な場面で活用されており、「予算の中にあるスポーツ関連事業を特定することが困難なもの」（笹川スポーツ財団、2013）は内数としては計上されているが、体力つくり関係予算の中には含まれていない。つまり、スポーツに関する予算全てを計上することは困難であり、スポーツがその多様性という特性によって、社会においてどれだけ浸透しているか、活用されているかを理解する必要がある（月刊体育施設、2015）。

（3）地方のスポーツ予算

　地方自治体は大きく分けて、4 つの歳入がある。地方独自の歳入として、住民税や固定資産税などの「地方税」、地方自治体が発行している「地方債」があり、国から地方への財政移転として、各省庁が特定の目的に使用するために交付する「補助金」、総務省が配分している「地方交付税」がある。地方自治体は現在、多額の借金を抱えており、財政が破綻する自治体も出てきている（真渕、2009b）。

　歳出については、地方自治体ごとの特色や状況が異なるため、一概に断定することはできないが、文部科学省（2015（平成 27））によると、地方のスポーツに関係する歳出は、額・歳出合計中の割合ともに 1995（平成 7）年度の 1 兆 84 億円（地方歳出合計に占めるスポーツ関係経費の割合は 1.02 ％）をピークに、2009（平成 21）年度においては、5,015 億円（地方歳出合計に占めるスポーツ関係経費の割合は 0.52 ％）に半減している。特に公共施設の新増設等の建設事業に要する経費である普通建設事業費が約 3,600 億円減少している。その他の経費については、若干の微減はあるものの大きな変化は見られない。つまり地方においては、新たなスポーツ施設の建設・増設はあまり見られなくなったと考えられる。

では、地方自治体のスポーツに関係する歳出はどのような状況であるのだろうか。笹川スポーツ財団（2012）の「地方公共団体の状況に関する調査研究」で、都道府県および市区町村における 2010（平成 22）年度スポーツ振興関連予算が示されている。都道府県、市区町村共にスポーツ施設の整備・維持運営が大きな割合を占めているといえる。また傾向として、都道府県は競技スポーツ中心、市区町村は生涯スポーツ中心の歳出であるといえる。（表 3）

表 3　都道府県および市区町村における平成 22 年度スポーツ振興関連予算
笹川スポーツ財団（2012）より引用

（千円）

		n	最小値	最大値
	施設整備費	45	0	10,314,645
	スポーツ施設維持運営費	46	23,031	1,593,292
	競技スポーツ関連	47	61,907	795,201
都道府県	生涯スポーツ関連	47	2,709	445,168
	（内：総合型地域スポーツクラブ育成関連）	39	84	67,332
	その他	38	0	2,892,146
	合計	46	368,566	11,168,072
	施設整備費	1013	0	3,375,414
	スポーツ施設維持運営費	1155	0	3,098,076
	競技スポーツ関連	990	0	286,677
市区町村	生涯スポーツ関連	1071	0	499,270
	（内：総合型地域スポーツクラブ育成関連）	514	0	800,000
	その他	842	0	3,837,856
	合計	1179	0	5,706,073

第4章　スポーツの財政

2．日本スポーツ振興センターとその財源

（1）日本スポーツ振興センターとその財源

　2015（平成27）年度の日本スポーツ振興センターの予算を図10に示す。まず収入について、最も大きな割合となっているのが、「事業収入」である。この約98％がスポーツ振興くじ（以下、toto）の売り上げである。次いで、「補助金」、「共済掛金収入」となっている。文部科学省からの収入は、補助金として「独立行政法人日本スポーツ振興センター一般勘定運営費交付金」、「独立行政法人日本スポーツ振興センター施設整備費補助金」、「災害共済給付金」、委託事業収入として11の委託事業（2015（平成27）年度）が挙げられる。収入の多くを、totoの売り上げと文部科学省からの補助金・委託事業に依存している。

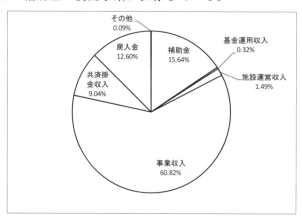

図10　日本スポーツ振興センターの収入（平成27年度）
（日本スポーツ振興センター資料より作成）

（2）日本スポーツ振興センターの助成事業

　日本スポーツ振興センターは業務の1つとして、「スポーツ振興のための助成業務」を行っている。国際競技力の向上、地域スポーツ環境の整備・充実などを目的として、スポーツ振興くじ助成、スポーツ振興基

金助成、競技強化支援事業助成及び競技力向上事業助成の4種がある。

(3) スポーツ振興くじと助成事業

スポーツ振興くじ（以下、toto）とは、正式には「スポーツ振興投票」といい、「サッカーの複数の試合の結果についてあらかじめ発売されたスポーツ振興投票券によって投票をさせ、当該投票とこれらの試合の結果との合致の割合が文部科学省令で定める割合（以下「合致の割合」という。）に該当したスポーツ振興投票券を所有する者に対して、合致の割合ごとに一定の金額を払戻金として交付することをいう。」（スポーツ振興投票の実施等に関する法律）と定義されている。totoは、スポーツ振興政策実施のための財源確保の手段として導入され、totoの収益の2/3を「地方公共団体又はスポーツ団体（スポーツの振興のための事業を行うことを主たる目的とする団体」（スポーツ振興投票の実施等に関する法律）に助成することと定められている（日本体育・学校健康センター、2002）（図11）。

totoの売り上げと助成金額（図12、13）について、初年度は約642億円の売り上げがあり、約57億円の助成を行うことができた。しかし、2年目以降は売り上げが減少し、2006（平成18）年度には、売り上げが約132億円となり、助成金も約7,900万円まで減少した。この状況に対し、

図11　toto売上金の使途
日本体育・学校健康センター（2002）より作成

第4章　スポーツの財政

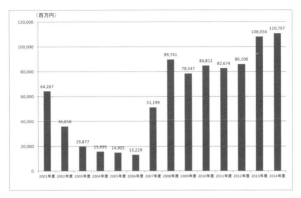

図12　toto売上金の推移
日本スポーツ振興センター資料より作成

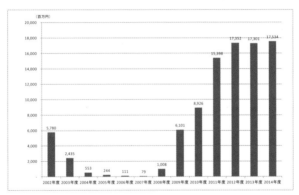

図13　toto助成金の推移
日本スポーツ振興センター資料、市川（2009）より作成

日本スポーツ振興センターは、指定された試合の90分間での試合結果をコンピュータが自動予想する「BIG」を発売した。当せん金額が高いこともあって「BIG」は売り上げを伸ばし、初年度の売り上げを上回るようになった。それに伴い、助成金が増額され、近年は約170億円の助成額を維持している。

　助成の内容について、2015（平成27）年度は大きく9つの助成を行っている（図14）。具体的には以下の通りである。2015（平成27）年度の内訳を見てみると、地方のスポーツ振興に助成金総額の約56％が、競技力向上や大規模スポーツイベントに助成金総額の約44％が、充てられている。

①大規模スポーツ施設整備助成
→Ｊリーグホームスタジアムや国民体育大会会場の整備等
②地域スポーツ施設整備助成
→クラブハウス整備やグラウンド芝生化等
③総合型地域スポーツクラブ活動助成
→総合型地域スポーツクラブの創設や自立、強化等
④地方公共団体スポーツ活動助成
→地域におけるスポーツ活動や国民体育大会への支援等
⑤将来性を有する選手の発掘育成活動助成
→タレント発掘事業等
⑥スポーツ団体スポーツ活動助成
→スポーツ活動やドーピング、スポーツ仲裁、指導者派遣等
⑦国際競技大会開催助成
→オリンピックやアジア大会等の国際的な競技大会開催への助成等
⑧東日本大震災復旧・復興支援助成

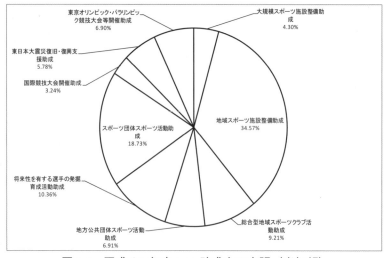

図14　平成27年度toto助成金の内訳（当初額）
　　　　　　　　日本スポーツ振興センター資料より作成

第4章　スポーツの財政

→東日本大震災で被災した総合型地域スポーツクラブや子どもへの支
　援等

⑨東京オリンピック・パラリンピック競技大会等開催助成

→東京オリンピック・パラリンピックやラグビー W 杯 2019 開催への
　助成等

（4）スポーツ振興基金助成・競技強化支援事業助成・競技力
##　　　向上事業助成

　日本スポーツ振興センターは toto の助成に加え、「スポーツ振興基金
助成」、「競技強化支援事業助成」、「競技力向上事業助成」を行っている。
　「スポーツ振興基金」とは、1990（平成 2）年に政府が補正予算 250
億円を出資し、日本スポーツ振興センターの前身である日本体育・学校
健康センターに設置したものである。これに民間からの寄付金約 44 億
円を加えた 294 億円を原資に、その運用益等による助成を「スポーツ振
興基金助成」として行っている（日本スポーツ振興センターウェブサイ
ト）。配分額の推移（図 6）を見てみると、2007（平成 19）年度は約 6
億円であったのが、2009、2010（平成 21、22）年度には約 1.5 倍ずつ増
額され、約 13 億円となり、その後横ばいとなっている。具体的な助成
は以下の通りである。

①スポーツ団体選手強化活動助成

→国内外における強化合宿や国外で行われる試合への派遣、国内で行
　われる試合における対戦チームの招待

②スポーツ団体大会開催助成

→国際的、全国的規模の競技会や研究集会、講習会の開催

③選手・指導者研さん活動助成

→選手や指導者の海外留学や選手の学校教育

④国際的に卓越したスポーツ活動助成

→国際的に価値が高く、世界に足跡を残すようなスポーツの活動

79

⑤アスリート助成
→オリンピック強化指定選手や将来が有望視されている選手の活動

　また、「競技強化支援事業助成」と「競技力向上事業助成」は文部科学省からの補助金である「独立行政法人日本スポーツ振興センター一般勘定運営費交付金」を原資に、国際競技力の向上を目的に助成を行うものである。具体的な助成は以下の通りである。

競技強化支援事業助成
・スポーツ団体トップリーグ運営助成
→国内における各スポーツのトップリーグの運営や活性化に対する支援

競技力向上事業助成
　・オリンピック選手等強化事業助成
　→JOC や JOC 加盟競技団体が計画的かつ継続的に行う選手強化や
　　コーチ設置の事業に対しての助成
　・パラリンピック選手等強化事業助成
　→JPSA や JPSA 加盟競技団体が計画的かつ継続的に行う選手強化や
　　コーチ設置等の事業に対しての助成

（5）助成金と透明性の確保

　ここ数年、日本スポーツ振興センターからの助成を含め、多くの助成金の不正が明るみになった。日本スポーツ振興センターからスポーツ団体への助成金の使途において、不適切な会計処理、過大受給、不正受給、助成金の還流、など様々な不正が指摘された。このような状況に対し日本スポーツ振興センターでは、助成金の使途についての調査を強化している。2014（平成26）年度では、職員の数を増やし 268 団体の監査を実施し、その内 150 団体に対して外部の専門家による監査を実施した。また助成対象者に対する研修や説明会を実施し、コンプライアンス（法令遵守）やインテグリティ（真

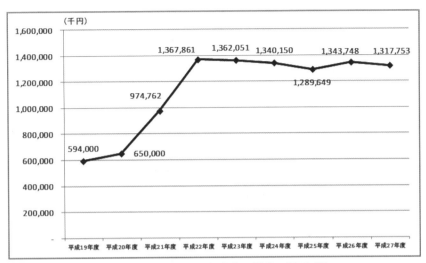

図15　スポーツ振興基金助成の推移（配分額）
日本スポーツ振興センター資料より作成

摯さ）を啓発している。さらにホームページ等において情報の公開を行っている（日本スポーツ振興センター、2015）。

　ではなぜ、助成金の不正が生じてしまうのだろうか。もちろん、競技団体が自分たちの私腹を肥やすために行ったケースもあるだろうが、一方で、受給する立場から考えると、助成金や補助金を1つだけではなく、複数受給している場合が多く、助成金や補助金の違いを理解せずに使用していたことも考えられる。従って、助成者である日本スポーツ振興センターの管理の問題ではなく、受給者である競技団体のマネジメント能力が問われているといえる。

　選手に理解させることも重要ではあるが、選手は強化すること、試合に勝つことが第1の目標であり、特にオリンピック前など練習や試合に集中する必要があることを考えると、受給された助成金の中で選手にいかに良い環境を与えることができるのか、競技団体がしっかりとマネジメントすることが求められる。そういった意味でも、競技団体は選手出身の職員だけでなく、様々な分野の専門家を職員として配置していくべきであろう。

3．JOC・日本スポーツ協会と予算

(1) JOC の財務

　JOC の財務状況について 2014（平成 26）年度の決算・事業報告書を見てみると、JOC は約 80 億円の財政規模の団体であるといえる。

　収入については、「事業収益」が約 35 億円（約 44％）、「補助金等」が約 32 億円（約 40％）と多くの割合を占めている。「事業収益」の内、「マーク使用料収益」（約 23 億円）と「委託費収益」（約 11 億円）が主な収益を占めている。「補助金等」の内訳は、「国庫補助金」（約 26 億円）と「スポーツ振興くじ助成金」（約 5 億円）となっている。

　一方支出については、「選手強化」が約 63 億円で全体の約 77％を占めている。「選手強化」の内訳について競技団体や選手、スタッフへの直接的な支援が約 47 億円と最も多くを占めている。「オリンピックムーブメント」と「国際大会派遣等」を併せた公益事業比率は約 89％となっている。

　つまり、JOC は補助金等とスポンサーからの契約金で選手強化を行っており、選手強化のほとんどが競技団体や選手、スタッフへの直接的な支援であるといえる。

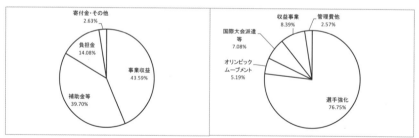

図 16　JOC の平成 26 年度決算（収入・支出）
JOC 資料より作成

(2) 日本スポーツ協会の財務

　日本スポーツ協会の財務状況について 2014（平成 26）年度の決算・

第4章　スポーツの財政

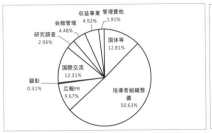
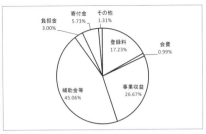

図17　日本スポーツ協会の平成26年度決算（収入・支出）
日本スポーツ協会資料より作成

　事業報告書を見てみると、約43億円の規模である。
　収入については、「補助金等」が最も多くの割合を示しており、約20億円（約45％）となっている。補助金等の内訳は文部科学省（補助金・委託金）と日本スポーツ振興センター（助成金）が全体の約90％を占めている。次いで「事業収益」が約11億円（約26％）となっている。「事業収益」の主な内訳は、イベントや講習会等の参加料収入が約3億円、スポンサーからの協賛金収入が約3億円となっている。
　一方支出については、公益目的事業である「国民スポーツ推進」が約43億円で、公益事業比率は約93％となっている。「国民スポーツ推進」の主な内訳は指導者養成事業で約20億円（約50％）、国民体育大会等と国際交流に対して各約5億円（約12％）支出している。
　つまり、日本スポーツ協会は文部科学省（補助金・委託金）と日本スポーツ振興センター（助成金）からの収入が多くを占めており、指導者養成や国民体育大会、国際交流等に多くを支出しているといえる。

（3）補助金等と競技団体との関係について

　このように、各競技団体（スタッフ・選手含む）へ文部科学省、日本スポーツ振興センター、日本オリンピック委員会、日本スポーツ協会からそれぞれ補助金や助成金、委託金という形で予算が支出されている。これは、競技力向上はもちろんのこと、ジュニアアスリートの育成や国際交流、指導者の養成等も全て含まれている。

平成 21 年度に行政刷新会議により行われた「事業仕分け」ではこの
スポーツ予算の流れが評価の対象となり、とりまとめのコメントとし
て、「toto 助成事業、スポーツ振興基金事業、国費の役割分担を明確化し、
スポーツ予算を一本化すべき」（行政刷新会議、2009）とされた。事業
数も多く、支出の形も補助金や助成金、委託金と多岐にわたるため、予
算の流れが非常に複雑化していることが上記のような意見が出される要
因の 1 つとして挙げられる。

　現状の予算の仕組みの是非については更なる議論を待たねばならない
が、現状の仕組みは、受給団体からすれば、全体として大幅な補助額や
助成額の減額の可能性は低く、予算を確保しやすいといえる。一方異なっ
た見方をすれば、分かりにくく、重複の可能性がある、戦略が統一でき
ない等の問題が指摘されることにもなる。

　補助金等との関係でもう 1 つ考えなければならないのが、補助金等の
額の妥当性の検討である。国際競技力の向上において、第 2 期スポーツ
基本計画についてではオリンピック・パラリンピックにおけるメダル獲
得数が政策目標として掲げられている。補助金や助成金が多ければ多い
ほど、選手は強く（速く）なり、メダルを獲得できるというわけではな
い。逆に、選手の補助金や助成金が現在より少なくなったとしても、メ
ダルを獲得できるかもしれない。妥当な額はどれくらいであるのか、一
概に言うことはできないが、東京オリンピック・パラリンピックに向け
て国際競技力の向上が重点化される中で、補助金等の在り方について検
討する場が必要であろう。

　以上により、競技団体への補助金等は、1 つ 1 つの事業についてそれ
ぞれ評価がされているといえるが、全体として、選手や代表チームに対
してどれくらい補助・助成されているか、透明性を確保できているとは
必ずしもいえない。このような状況の中で、補助・助成する側である日
本スポーツ振興センター、日本スポーツ協会、日本オリンピック委員会
と受給する側である競技団体が連携し、どのように透明性を確保してい
くのか検討すべき課題ともいえる。

第5章 スポーツと法

1．法におけるスポーツの位置づけ

（1）スポーツ振興の法的根拠

　私たちの身の回りには、様々な法が存在する。それらの存在形式を法源といい、成文法と不文法の2つに大別することができる。成文法とは、文章によって表現された法源を意味し、一定の手続と形式にしたがって定立されることから制定法とも呼ばれる。成文法には憲法をはじめ、法律、命令、条例などがあげられる。不文法は、文書の形式を備えていない法源を意味し、慣習法や判例法などがある。

　その中で、行政組織がスポーツを振興する上では、法的根拠が必要となる。わが国においてあらゆる国家政策は、法的根拠をもって立案実行されるが、その根本的根拠は日本国憲法に求められなければならない。スポーツ政策の策定についても同様である。

　日本国憲法（以下、憲法とする）はわが国の最高法規であり根本法である。その憲法においてスポーツについては明確に述べられていないが、それぞれの条文においてスポーツが含まれると解釈することができる。

　憲法第13条「すべて国民は、個人として尊重される。生命、自由及び幸福追求に対する国民の権利については、公共の福祉に反しない限り、立法その他の国政の上で、最大の尊重を必要とする」によって保障されている幸福追求権のひとつとして、スポーツを楽しむ権利が含まれると解釈することができる。また憲法25条「すべて国民は、健康で文化的な最低限度の生活を営む権利を有する」において、生存権を国家が保障している。これにより国民各自の生活の維持を国家の責務とされている。その健康で文化的な最低限度の生活をおくるためのひとつとして、スポーツが含まれると解釈することができる。さらに憲法第26条「す

べて国民は、法律の定めるところにより、その能力に応じて、ひとしく教育を受ける権利を有する」については、教育活動のひとつとして体育やスポーツを捉えることができることから、教育として体育やスポーツを行う権利があると解することができる。

　このように、憲法においてスポーツが明確に位置付けられているわけではないが、憲法に規程されている権利の内容としてスポーツが含まれているとする解釈がなされている。これに伴って、わが国では、スポーツを振興する具体的な法律として「スポーツ基本法」を制定している。これらの法律をもとに、行政はスポーツに関わる政策を策定し遂行してきている。

（2）社会教育法からスポーツ振興法の成立過程

　日本国憲法が発布されて以降は、1949（昭和24）年に制定された社会教育法がスポーツに関連する法律として位置づけられた。

　この法律の制定の目的は、教育基本法（昭和二十二年法律第二十六号）の精神に則り、社会教育に関する国及び地方の今日の任務を明らかにすることとされた。ここでいう教育基本法の精神とは、「教育は、人格の完成をめざし、平和的な国家及び社会の形成者として、真理と正義を愛し、個人の価値をたつとび、勤労と責任を重んじ、自主的精神に充ちた心身ともに健康な国民の育成である」と定義づけられた。

　社会教育法では「社会教育」の定義を、「学校教育法又は就学前の子どもに関する教育、保育等の総合的な提供の推進に関する法律に基づき、学校の教育過程として行われる教育活動を除き、主として青少年及び成人に対して行われる組織的な教育活動（体育及びレクリーションの活動を含む。）」としている。また、この第2条をもって「国及び地方公共団体が体育及びレクリエーションの活動の推進の責務を負う」ことを規定している。

　社会教育法は、社会教育について国及び地方公共団体の責務を中心に示され、体育及びレクリエーションに必要な設備、機器などの整備が行

第5章　スポーツと法

われたことから、わが国の体育・スポーツにおける環境の整備に大きな影響を与えたといえる。戦後わが国において、この社会教育法をもとに、国民のスポーツ活動の基盤の整備が行われていった。

　戦後、生活水準の向上や産業の近代化による余暇の増大等に伴い、スポーツやレクリエーション活動に対する国民の関心や欲求が高まっていった。このような社会状況を受けて、1949（昭和24）年の社会教育法策2条に規定される「体育及びレクリエーションの活動」を、具体的に推進していくための立法化が検討され、1964年第18回オリンピック東京大会開催決定を契機に、オリンピック体制整備の一環として1961（昭和36）年にスポーツ振興法が制定された。スポーツ振興法は、議員立法として制定され、スポーツの振興に関する施策の基本を定めた日本で最初のスポーツ単独の法律である。

　内閣立法が多くを占めているわが国の法律の制定状況において、国民から直接選挙で選ばれた議員によって法律案が発議され、成立した議員立法は、国民の意見が反映された法律であると捉えられなくはない。

　スポーツ振興法の内容は総則、スポーツ振興のための措置、スポーツ振興審議会および体育指導委員、国の補助の4章からなっている。

　最初に「スポーツの振興に関する施策の基本を明らかにし、もつて国民の心身の健全な発達と明るく豊かな国民生活の形成に寄与すること」（第1条）とし、スポーツ振興の目的が示されている。

　「この法律において「スポーツ」とは、運動競技及び身体運動（キャンプ活動その他の野外活動を含む。）であつて、心身の健全な発達を図るためにされるものをいう」（第2条）とスポーツを定義した。ここではじめて法律によってスポーツが定義された。

　「国及び地方公共団体は、スポーツの振興に関する施策の実施に当たつては、国民の間において行なわれるスポーツに関する自発的な活動に協力しつつ、ひろく国民があらゆる機会とあらゆる場所において自主的にその適性及び健康状態に応じてスポーツをすることができるような諸条件の整備に努めなければならない」（第3条）とし施策の方針が述べ

87

られた。また2項では「この法律に規定するスポーツの振興に関する施策は、営利のためのスポーツを振興するためのものではない」としている。ここで注目すべき点は、「営利のためのスポーツを振興する」であるが、営利という言葉は、広辞苑（4版）によれば、「財産上、金銭上の利益を得る目的をもって事を行うこと」と説明がなされている。財産上、金銭上の利益を得る目的をもってスポーツを行うことは対象としないと定め、この当時、この事象に当てはまるプロ野球やプロレスなどのプロスポーツや、競馬や競輪などのスポーツを賭けの対象とするものは、このスポーツ振興法では対象とならなかった。

スポーツ振興法は、文部大臣や都道府県及び市町村の教育委員会に対し、国や地域の実情に即した、スポーツの振興に関する基本的な計画を策定するように定めた（第4条）。スポーツ政策を策定する際には、保健体育審議会を開催し、有識者からの意見を反映させてスポーツ政策の策定を行っていた。

スポーツ振興法では、広く国民に対してスポーツを広める為の措置として第2章で具体的に示している。

まず、国民の祝日である体育の日に、国民に広くスポーツについて理解と関心を深めると同時に積極的にスポーツ活動ができるような行事を開催することを定め、これらの行事に対して必要な措置や援助を行うとしている（第5条）。

次に国民体育大会は、財団法人日本体育協会（現：日本スポーツ協会）と国及び開催地の都道府県が共同で開催することを定めている（第6条）。また、国民体育大会は、都道府県ごとに選手を選出し参加させ、かつ、国は国民体育大会の円滑な運営に資するために、必要な援助を行うと定めている。これは、国民体育大会開催費の財政補償を国が約束するものであり、毎年各都道府県持ち回りで開催されている国民体育大会は、都道府県のスポーツ環境のインフラ整備や競技力向上に大きく貢献してきたといえる。

地方公共団体は、広く住民に対して運動会や運動能力テスト、スポー

ツ教室などのスポーツ行事の実施やこれら行事を実施しようとする団体を奨励することを定めている（第7条）。また、これらスポーツ行事に対し、前項の国民体育大会同様、国は必要な援助を行うと定めた。

これ以降の条文では、国民にスポーツを広める措置として、青少年スポーツの振興（第8条）、職場スポーツの奨励（第9条）、野外活動の普及奨励（第10条）、指導者の充実（第11条）、施設の整備（第12条）、学校施設の利用（第13条）、スポーツの水準の向上のための措置（第14条）、顕彰（第15条）、スポーツ事故の防止（第16条）、プロスポーツの選手の競技技術の活用（第17条）、科学的研究の促進（第18条）といずれも、ここで挙げた事項に対して、「配慮する」や「努める」という表現を用いて努力項目として規定している。

第三章のスポーツ振興審議会等及び体育指導委員では、都道府県及び市町村にスポーツの振興に関する審議会その他の合議制の機関を置くことについて規定している。また市町村にスポーツの振興を図るため、住民に対しスポーツの実技の指導その他スポーツに関する指導及び助言を行う体育指導員の委嘱について規定している。

第四章の国の補助等では、地方自治体に対して、国の補助の割合等が述べられている。

スポーツ振興法は、わが国においてスポーツ施策の基本を定めた初めての法律であり、わが国のスポーツ振興の根拠とされてきた法律であった。しかしながら、第4条で規定されたスポーツ振興に関する基本的計画の策定がなされるようになったのは、法律制定から約40年の年月が経ってからのことである。この間、基本的な計画（政策）が不在の状態でスポーツ振興が行われていたことは、指摘しておかなければならない。

（3）保健体育審議会答申の内容とその役割

審議会とは、公共政策の遂行によって影響を被る対象集団ないし利害関係者の意見を調整し、かつ政策遂行上必要とされる専門的知識や情報を吸収するために設けられる組織である。

わが国の審議会は、行政機関に付属し、その所掌分掌のうち諮問事項について調査・審議する合議制の諮問機関で、法律または条例に基づいて設置される。ただし、その答申は強制力をもたず勧告にとどめられる。

スポーツ振興法制定以降、わが国の体育・スポーツに関する審議会は保健体育審議会（以下、保体審とする）であった。保体審は、1949（昭和24）年に文部省設置法に基づいて、文部大臣の諮問機関として設置された。1948（昭和23年）に設置された体育振興委員会の後身ともいうべきものである。保体審は、学校における保健教育及び保健管理、学校給食、学校における体育、社会における体育（スポーツも含む）に関する事項を調査審議する機関で、1950年代後半以降、文部省内において新たな施策を行うときにはまず保体審に諮問し、その答申を得て施策策定に至る過程が定着した。特に、1950年代後半から1960年代は日本における体育・スポーツ体制の確立期でもあり、それに伴い施策策定の動きも活発であった。それゆえ、審議会への諮問も多く行われた。

そのような中、1972（昭和47）年に出された保体審答申「体育・スポーツの振興に関する基本方策について」（以下、「保体審答申72」とする）は、戦後初めての体系的な体育・スポーツ政策として、社会・経済や生活の変化の実状や健康・体力問題を踏まえた新たな視点に立った振興施策のあり方を示したものであった。

保体審答申72の第1の特徴は、これまでの学校体育、また、競技者を中心とする体育・スポーツ振興のあり方に対する反省の上にたち、すべての国民が生涯体育を実践できるような諸条件を整備するための基本方策を打ち出したことにある。

第2の特徴は、日常生活圏における公共施設の施設整備基準が示されたことにある。「体育・スポーツは、強健な心身の発達をうながし、人間性を豊にするとともに、健康で文化的な生活を営む上にきわめて重要な役割を果たすものである」とし、スポーツに文化的要素の意味合いを持たせ、「国民の求める体育・スポーツを普及振興することは、国をあげて取り組むべき大きな課題である」とした。しかし当時のスポーツ施

設が約 15 万ヶ所あったものの、その 72.5％が学校体育施設であり、公共社会体育施設がわずか 7％であったことから、公共社会体育施設の立ち遅れが著しいとの認識を示した。こうした未整備部分について「すべて国民が、日常生活のなかで体育・スポーツ活動に親しむことができるようにするためには、人々の興味や関心、技術の程度などに応じて身近で、手軽に利用できる公共の施設を多くつくることが大切である」とし、施設別、地域の人口別に必要な施設数の基準を示した。

　また、第 3 の特徴として、「体育・スポーツへの参加の推進」の柱として「グループづくり」が挙げられた。そこでは「自発的なグループが数多く生まれ、それが活発な活動を展開するようになるためには、施設の整備、指導者の養成確保などの諸施策を推進し、自発的なグループが活動しやすいような条件を整備する必要がある。（中略）施設は、その施設を基盤とするグループの育成につとめ、広く国民の欲求に応じることのできるような配慮が大切である」とされた。つまり、自発的なグループが活動を行いやすいスポーツ施設を整備するべきであると提言された。

　こうした内容は、それまでの体育・スポーツ政策には見られず、保体審答申 72 においてはじめて言及され、1970 年代の体育・スポーツ行政の基本的理念の一つとして展開されてきたといえる。

　文部省は、以上のような特徴を持つ保体審答申 72 をもとに、施策を展開していった。しかし、施策を進めていくにつれ様々な課題が明らかになった。その最大の課題は「資金の確保とその運用」であった。保体審答申 72 で、「体育・スポーツ施設は広く一般の人々の利用に供する公共的施設を中核として整備すべきものであるから、施設の整備は、基本的に国・地方公共団体の行政課題として進めなければならない。日常生活圏域における体育・スポーツ施設については、地域住民の福祉を一層増進するという知見から原則として市町村が主体となり、広域生活圏域における体育・スポーツ施設については、関係市町村の適正な分担または都道府県もしくは国の負担により、その整備を行うものとする」とさ

れたことから、施設の整備は国・地方公共団体の行政課題として位置づけられた。また、施設の整備に必要な資金の確保についてはスポーツ振興法により、「地方公共団体が整備する体育施設に対しては国はスポーツ振興法の趣旨にのっとり、充分な補助を行わなければならない」と規定されていた。

　しかし、スポーツ振興法においても国の補助については、国の予算範囲内において、スポーツ施設整備に必要とする経費のうち国の補助する割合は3分の1にとどまり、保体審答申72の整備基準にそった施設建設を財政的に保障しうるものではなく、財政的基盤の欠乏という致命的欠陥を露呈してしまった。これ以降、体育・スポーツに関する財政基盤の確立については、様々な場面において論争が展開されることとなった。

　その後、保体審は、2001（平成13）年1月6日付けで、中央省庁等改革の一環として、中央教育審議会スポーツ・青少年分科会へ整理・統合された。またスポーツ庁創設に伴い、スポーツ庁長官の諮問組織のスポーツ審議会へと移行することとなった。

2．スポーツ基本法の成立と内容

（1）スポーツ基本法の成立

　スポーツ振興の根拠法とされてきた「スポーツ振興法」を改正しようとする動きが活発化してきたのは、2006（平成18）年である。当時文部科学省副大臣であった遠藤利明は、日本の国際大会での成績不振や、ドイツやカナダなどにおける政策としてのトップアスリートの強化・育成の状況を踏まえて、トップスポーツの在り方を検討するため、副大臣私的諮問機関である「スポーツ振興に関する懇談会」を設置した。翌2007（平成19）年にまとめられた報告書の中で、「『新スポーツ振興法』を制定し、国がトップスポーツ／トップアスリートの育成・強化に果たす責務を明文化するとともに、現在のスポーツを取り巻く状況を踏

まえて必要な施策を規定する」という提言がなされた。この報告書を受け、超党派の国会議員で構成されるスポーツ議員連盟は2007（平成19）年12月に「新スポーツ振興法プロジェクトチーム」、翌2008（平成20）年4月に「アドバイザリーボード」を設置した。この動きに連動する形で自民党内に「スポーツ立国調査会」が設置され、「現行のスポーツ振興法を抜本的に見直し、"新スポーツ法"を制定する」との提言がなされた。また民主党内でも、スポーツ小委員会が設置され、論点整理の議論が行われた。このように、競技力の低下からわき上がった「スポーツ振興法」改正の議論が、徐々に与野党での議論に発展していった。

その後、スポーツ議員連盟「新スポーツ振興法プロジェクトチーム」と自民党「スポーツ立国調査会」が中心となって法案の作成が進められた。そして、第171回国会に「スポーツ基本法案」が提出されたが、衆議院解散により審議未了で廃案となった。

2009年（平成21）年の衆議院議員総選挙によって民主党を中心とする政権が誕生し、スポーツ基本法も新たな状況下での検討が進められた。2010（平成22）年に民主党スポーツ議員連盟が発足し、文部科学部門会議スポーツ政策ワーキングチームと合同で「『スポーツ基本法』の制定に向けた基本的な考え方」をとりまとめた。この動きを受けて、超党派スポーツ議員連盟では、2011（平成23）年に改めて「新スポーツ振興法プロジェクトチーム」を発足した。既に提出されている自民党・公明党案と民主党案をたたき台として法案が作成された。その年の第177回国会にて「スポーツ基本法」が成立した。

（2）スポーツ基本法の内容

スポーツ基本法は、前文及び5章構成となっている。

「スポーツは世界共通の人類の文化である。スポーツは、心身の健全な発達、健康及び体力の保持増進、精神的な充足感の獲得、自律心その他の精神の涵（かん）養等のために個人又は集団で行われる運動競技その他の身体活動であり、今日、国民が生涯にわたり心身ともに健康で文

化的な生活を営む上で不可欠のものとなっている。」と前文冒頭このように文章が記載されている。ここでは、現在におけるスポーツの捉え方が示され、スポーツの必要性について述べられている。これ以降の前文では、スポーツの持つ価値を通してスポーツを振興する意義を以下のように示している。

○スポーツを通じて幸福で豊かな生活を営むことは全ての人の権利である
○スポーツは青少年の心身を発達させる
○スポーツは地域社会の再生に寄与する
○スポーツは心身の健康の保持増進に寄与する
○スポーツ選手の活躍は社会に活力を生み出す
○スポーツは国際平和に大きく貢献する

スポーツ基本法は、スポーツに関する施策の基本となる事項を定めることにより、スポーツに関する施策を総合的かつ計画的に推進し、もって国民の心身の健全な発達、明るく豊かな国民生活の形成、活力ある社会の実現及び国際社会の調和ある発展に寄与することを目的（第1条）として制定された。

第2条ではスポーツに関し、基本理念を以下のように定めている。

1．生涯スポーツ社会の実現
2．スポーツを通じた青少年の健全育成
3．スポーツを通じた地域コミュニティの形成
4．スポーツ活動の安全確保
5．障害者スポーツの推進
6．国際競技力の向上
7．国際貢献としてのスポーツ
8．ドーピングの防止

第5章　スポーツと法

　以上のように、上記の基本理念に基づき、国や地方公共団体はスポーツに関する施策を策定し、及び実施する責務（第3条・第4条）を定めた。

　スポーツ団体については、スポーツの普及及び競技力の向上において重要な役割を担っているとし、上記の基本理念にのっとり、スポーツ実施者への権利の保護、心身の健康保持増進、安全確保に努めるよう定めた。また、スポーツに関する紛争についても迅速かつ適切に解決するように定めた（第5条）。

　このように第1章では、スポーツ振興における国や地方自治体の責務、スポーツ団体の努力、また、国や地方自治体、スポーツ団体が連携を図りながら協働することも定められている。

　第2章では、スポーツに関する計画について定められている。国においては、スポーツ基本計画を定めなければならないとし（第9条）、地方自治体においては、地方スポーツ推進計画を定めるよう努めるもの（第10条）としている。

　第3章では、国や地方自治体において展開されるスポーツ施策の基本的な内容が定められている。第3章の内容をまとめると以下の通りとなる。

　○スポーツの推進のための基礎的条件の整備等

　指導者等の養成等、スポーツ施設の整備等、学校施設の利用、スポーツ事故の防止等、スポーツに関する紛争の迅速かつ適正な解決、スポーツに関する科学的研究の推進等、学校における体育の充実、スポーツ産業の事業者との連携等、スポーツに係る国際的な交流及び貢献の推進、顕彰

　○多様なスポーツの機会の確保のための環境の整備

　地域におけるスポーツの振興のための事業への支援等、スポーツ行事の実施及び奨励、体育の日の行事、野外活動及びスポーツ・レクリエーション活動の普及奨励

○競技力の向上等

　優秀なスポーツ選手の育成等、国民体育大会及び全国障害者スポーツ大会、国際競技大会の招致又は開催の支援等、企業・大学等によるスポーツの支援、ドーピング防止活動の推進

　第4章では、スポーツの推進に係る体制の整備について、省庁におけるスポーツ推進会議の設置、地方自治体におけるスポーツ推進審議会やスポーツ推進委員が定められている。また第5章では、国や地方自治体の補助について定められている。

　スポーツ基本法の意義は、日本においてはじめてスポーツ権を実定法上規定し、権利として宣言したことである。スポーツ権とは、スポーツを通じて幸福で豊かな生活を営むことが人々の権利であることを指す。しかし、具体的な権利の内容までは定められておらず、制度的にスポーツ権を保障していく方向性が示されたにすぎないともいえる。このスポーツ権は、憲法第12条幸福追求権がスポーツにおいても存在することを根拠づけるものであり、スポーツを通じて幸福を追求することは人間の人格的生存にとって必要不可欠なものであると認められたといえる。また、上記に示した、前文からは、憲法第25条により生存権として保障されている健康で文化的な生活を営む上でスポーツが不可欠なものであると位置づけたものといえよう。

3．法律を背景としたスポーツ行政計画

（1）スポーツ振興基本計画策定過程とその課題

　1999（平成11）年に、文部大臣から保体審に対し、「スポーツ振興基本計画の在り方について」が諮問された。その諮問内容は、①生涯スポーツ社会の実現に向けた、地域におけるスポーツ環境の整備充実方策、②わが国の国際競技力の総合的な向上策、③上記の視点に関連し、生涯ス

ポーツ・競技スポーツと学校体育との連携を推進するための方策などについてであり、それぞれ概ね10年間で実現すべきことなど、スポーツ振興基本計画に盛り込む基本的な内容を総合的に検討することを求めたものであった。

スポーツ振興法第4条では、文部大臣はスポーツの振興に関する基本的計画を定めるものと規定されているが、これまでスポーツ振興基本計画について策定されてこなかった。これまで述べた様に、実質的に保体審答申をもってその機能を果たしてきたといえる。

しかし、都市化や生活の利便化に起因する体力・運動能力の低下、身近なスポーツ環境の整備充実の必要性、国際競技力の長期的・相対的低下傾向等の諸課題に適切に対応し、また、スポーツに対する国民の関心や期待のさらなる高まり、少子高齢化等の社会状況の変化などの新たな状況は、保体審答申を中心としたその都度の諮問答申でのスポーツ振興への対応では困難となった。そこで、わが国のスポーツ振興施策を体系的・計画的に推進するための新たな施策として、スポーツ振興法第4条に基づくスポーツ振興基本計画を策定し、効果的な施策の推進を図ることとなった。

また、スポーツ振興くじ法の成立に際し、参議院文部・科学委員会及び衆議院文教委員会がスポーツの振興に関する基本的計画について検討をすることを附帯決議として可決したことも理由の一つとしてあげられる。

1961（昭和36）年制定時のスポーツ振興法においてスポーツ振興基本計画とは、「第四条、文部大臣は、スポーツの振興に関する基本的計画を定めるものとする。二、文部大臣は、前項の基本的計画を定めるについては、あらかじめ、保健体育審議会の意見を聞かなければならない。三、都道府県及び市（特別区を含む。以下同じ。）町村の教育委員会は、第一項の基本的計画を参しゃくして、その地方の実情に即したスポーツ振興に関する計画を定めるものとする。四、都道府県及びスポーツ振興審議会が置かれている市町村の教育委員会は、前項の計画を定めるにつ

いては、あらかじめ、スポーツ振興審議会の意見を聞かなければならない」と定められている。

　この第4条は、国および地方公共団体がスポーツ振興のための施策を推進していく際の基盤となる基本的計画を策定することに関して規定したものである。基本的計画は、スポーツ振興行政のように、ややもすれば行政施策の一貫性、継続性が維持されがたく、行政関係者の思いつきに左右され、到達目標があいまいとなり有効な効果を望みがたい結果になりがちであるため、施策立案の骨格となる基本計画が必要とされ、スポーツ振興法運用の基礎となる基本計画を国及び地方公共団体において策定する必要から設けられたものである。

　このように、スポーツ振興基本計画は、スポーツ振興法に基づいた長期的、総合的視点から国が目指すスポーツ振興の基本方向を示したものといえ、各地方自治体は、国の中央計画のもと、それぞれの実情のもとに具体的な計画をたてることになる。

　スポーツ振興基本計画の内容は、子どもの体力の向上、生涯スポーツ・競技スポーツと3つの施策の柱で構成し、今後10年間で実現すべき政策目標を設定している。

　1．スポーツの振興を通じた子どもの体力の向上方策
　（政策目標）
　人間が発達・成長し、創造的な活動を行っていくために必要不可欠なものであり、「人間力」の重要な要素である子どもの体力について、スポーツの振興を通じ、その低下傾向に歯止めをかけ、上昇傾向に転ずることを目指す。

　これらの政策目標を掲げた背景には、文部科学省が実施している「体力・運動能力調査」の結果に基づき、子どもの体力現状を見た時、1985（昭和60）年より体力の低下に歯止めをかけるものであった。政策目標達成のために、「子どもの体力向上国民運動の展開」を掲げている。こ

れは、保護者に対して子どもの体力の重要性を理解する取り組みで、国民意識の向上につとめるものである。もう一つとして「子どもを惹きつけるスポーツ環境の充実」である。これは、学校と地域のスポーツクラブが連携することで、子どものスポーツ機会を創出するものである。他にも教員・スポーツ指導者の指導力向上を掲げている。

2．生涯スポーツ社会の現実に向けた、地域におけるスポーツ環境の整備充実方策

（政策目標）

（1）国民の誰もが、それぞれの体力や年齢、技術、興味・目的に応じて、いつでも、どこでも、いつまでもスポーツに親しむことができる生涯スポーツ社会を実現する。

（2）その目標として、できるかぎり早期に、成人の週1回以上のスポーツ実施率が2人に1人（50パーセント）となることを目指す。

これらの政策目標を掲げた背景として、これまで、わが国のスポーツは、学校や企業を中心に広がりをみせてきた。学校では運動部活動が中心となり、企業では従業員の福利厚生を目的としてスポーツ活動が展開されてきた。運動部活動は、進学とともに練習環境が変化する。企業のスポーツ活動は、企業の財務状況に大きく影響し、従業員にスポーツ活動を提供できるのは大企業に限られてしまう。このような現状において、生涯にわたってスポーツ活動ができる環境がわが国では構築できていない状況にあるといえる。政策目標にもあるように、「いつでも、どこでも、いつまでも」スポーツ活動ができる環境を構築する際、欧米諸国の事例に基づき、自らが居住する地域で、スポーツ活動をすることが必要不可欠であるとした。この目標を達成するために、2010（平成22）年までに、全国市町村に少なくとも1つ以上の「総合型地域スポーツクラブ」を育成することが目標として設定された。

３．我が国の国際競技力の総合的な向上方策

（政策目標）

（１）オリンピック競技大会をはじめとする国際競技大会における我が国のトップレベルの競技者の活躍は、国民に夢や感動を与え、明るく活力ある社会の形成に寄与することから、こうした大会で活躍できる競技者の育成・強化を積極的に推進する。

（２）具体的には、1996（平成8）年のアトランタ夏季オリンピック競技大会において我が国のメダル獲得率が1.7パーセントまで低下したことを踏まえ、我が国のトップレベルの競技者の育成・強化のための諸施策を総合的・計画的に推進し、早期にメダル獲得率が倍増し、夏季・冬季合わせて3.5パーセントとなることを目指す。

政策目標に示されているように、国際大会におけるトップアスリートの活躍は、そのプレーに一喜一憂し、多くの人々に影響を与えている。このような視点から国際競技力の向上が求められた。

国際競技力向上を図る為に、一貫指導システムの構築、トレーニング拠点の整備、指導者の育成、スポーツ医科学の活用、アンチ・ドーピング活動の推進が示された。

３つの施策では、政策目標に具体的な数値目標を掲げていることが特徴である。数値の設定は、具体的な政策評価につながる一方、数値が一人歩きし施策の細かい中身が薄れてしまう恐れもあるといえる。

（２）スポーツ立国戦略の位置づけ

前述したように、文部科学省は、これまで「スポーツ振興法」に基づき「スポーツ振興基本計画」を策定し、施策を推進してきた。これにより一定の成果を得てきたが、いずれも「スポーツ振興基本計画」の掲げる目標値には達していない状況であった。

また、一方で、少子高齢化や情報化の進展に伴う様々な社会問題が顕在化し、スポーツ振興の重要性が増す中、制定から半世紀を経過した「スポーツ振興法」は、①現在の主要施策である地域のスポーツクラブ育成、

ドーピング防止活動支援、競技者育成などに関する規定がないこと、また②スポーツ権の概念やスポーツ仲裁についての言及がないこと、③プロスポーツを対象としていないことなど、スポーツの現状や新しい課題に対応し切れなくなっているとの指摘がなされるようになった。これによりスポーツ振興のための新たな法律を制定する必要性が生じたといえる。

このため、文部科学省では、「スポーツ振興法」の見直しと新たな「スポーツ基本法」の制定を視野に入れながら、今後のスポーツ政策の基本的な方向性を示すスポーツ立国戦略を2010(平成22)年8月に策定した。

スポーツ立国戦略は、「新しい公共」の理念の下、各々の興味・関心、適性等に応じて現状よりさらに多くの人々が様々な形態でスポーツに積極的に参画できる環境を実現することを目指し策定されたものでもある。「新しい公共」とは、これまで社会で抱える社会問題・課題は、行政が中心となって対応してきたが、企業・NPO・住民など様々な組織、人々が携わり、対応していくという考えである。

その内容は、スポーツ立国戦略の目指す姿を実現するため、「人(する人、観る人、支える(育てる)人)の重視」と「連携・協働の推進」を基本的考え方として掲げた。「人(する人、観る人、支える(育てる)人)の重視」とは、スポーツを実際に「する人」だけではなく、トップレベルの競技大会やプロスポーツの観戦など、スポーツを「観る人」、そしてスポーツボランティアや指導者といったスポーツを「支える(育てる)人」にも着目し、人々が生涯にわたってスポーツに親しむことのできる環境をハード(施設など)、ソフト(プログラム・指導者など)の両面から整備することである。

また、「連携・協働の推進」とは、スポーツを人々にとって身近なものとするため、地域スポーツクラブ・学校・スポーツ団体など、スポーツ界全体が連携・協働することにより、トップスポーツと地域スポーツの垣根をなくし、人材の好循環を生み出すことや、スポーツを通じた「新しい公共」の形成を推進し、社会全体でスポーツを支える基盤を整備す

ることである。

　この2点の考え方のもと、実施すべき重点事項として以下の5つの重点戦略を掲げた。

　・ライフステージに応じたスポーツ機会の創造
　・世界で競い合うトップアスリートの育成・強化
　・スポーツ界の連携・協働による「好循環」の創出
　・スポーツ界における透明性や公平・公正性の向上
　・社会全体でスポーツを支える基盤の整備

（3）スポーツ基本計画の策定

　2011（平成23）年にスポーツ基本法が成立したのを受け、翌2012（平成24）年に「スポーツ基本計画」が策定された。前述の通り、スポーツ基本法では、スポーツに関する施策の総合的かつ計画的な推進を図るため、スポーツ基本計画を定めることが義務化されている。この計画の期間は、10年間程度の社会を見通し、2012（平成24）年度から概ね5年間実施されてきた。具体的な内容は以下の通りである。

　①子どものスポーツ機会の充実
　②ライフステージに応じたスポーツ活動の推進
　③住民が主体的に参画する地域のスポーツ環境の整備
　④国際競技力の向上に向けた人材の養成やスポーツ環境の整備
　⑤オリンピック・パラリンピック等の国際競技大会の招致・開催等を
　　通じた国際貢献・交流の推進
　⑥スポーツ界の透明性、公平・公正性の向上
　⑦スポーツ界の好循環の創出

　2000年に策定された「スポーツ振興基本計画」と比較すると、総合型地域スポーツクラブの位置づけの変化が挙げられる。「スポーツ振興

基本計画」では、スポーツ実施率を50％に向上させるための施策として、総合型地域スポーツクラブの全国展開が謳われ、全国に3000以上もの総合型地域スポーツクラブが設立されてきた。しかし、「スポーツ基本計画」では、スポーツ実施率向上が地域のスポーツ環境の整備に位置づけられている。総合型地域スポーツクラブに対する評価やスポーツ実施率との関係を明らかにすることなく総合型地域スポーツクラブの位置づけが変えられてしまった印象がある。

　また政策目標の中で、子どもの体力向上、スポーツ実施率、メダル獲得率が数値目標として掲げられた。子どもの体力向上は「今後10年以内に子どもの体力が昭和60年頃の水準を上回ることができるよう、今後5年間、体力の向上傾向が維持され、確実なものとなることを目標とする」、スポーツ実施率は「成人の週1回以上のスポーツ実施率が3人に2人（65％程度）、週3回以上のスポーツ実施率が3人に1人（30％程度）となることを目標とする。（中略）成人のスポーツ未実施者（1年間に一度もスポーツをしない者）の数がゼロに近づくことを目標とする」、メダル獲得率は、「オリンピック競技大会の金メダル獲得ランキングについては、夏季大会では5位以上、冬季大会では10位以上をそれぞれ目標とする。また、パラリンピック競技大会の金メダル獲得ランキングについては、直近の大会（夏季大会17位（2008／北京）、冬季大会8位（2010／バンクーバー））以上をそれぞれ目標とする」とされた。

（4）第2期スポーツ基本計画の策定

　スポーツ基本計画は、2012（平成24）年から2016（平成28）年度の5年間、7つの政策目標を掲げて政策が実行されてきた。この間、ラグビーワールドカップ（2019年）や東京オリンピック・パラリンピック（2020年）等の国際大会開催の決定や、スポーツ基本法を根拠としたスポーツ庁の設置など、国内におけるスポーツを取り巻く環境が大きく変化した。スポーツ担当官庁の設置や立て続けに開催される国際大会など、今後わが国のスポーツを振り返った時にこの期間は、大きな分岐点にな

るといえよう。

　このような中、スポーツ庁長官は、スポーツ審議会に対し第２期スポーツ基本計画の策定について諮問を行い、スポーツ基本計画の見直しが行われてきた。2017（平成29）年３月にスポーツ審議会は第２期スポーツ基本計画についての答申を行った。これを受け第２期スポーツ基本計画は、翌月の４月から2022年３月までの５年間のスポーツ政策の方針として示された。具体的な内容は、以下の通りである。

１スポーツを「する」「みる」「ささえる」スポーツ参画人口の拡大と、
　そのための人材育成・場の充実
（１）スポーツ参画人口の拡大
①若年期から高齢期までライフステージに応じたスポーツ活動の推進
②学校体育をはじめ子供のスポーツ機会の充実による運動習慣の確保
　と体力の向上
③ビジネスパーソン、女性、障害者のスポーツ実施率の向上と、これ
　までスポーツに関わってこなかった人へのはたらきかけ
（２）スポーツ環境の基盤となる「人材」と「場」の充実
①スポーツに関わる多様な人材の育成と活躍の場の確保
②総合型地域スポーツクラブの質的充実
③スポーツ施設やオープンスペース等のスポーツに親しむ場の確保
④大学スポーツの振興

２　スポーツを通じた活力ある絆の強い社会の実現
（１）スポーツを通じた共生社会等の実現
①障害者スポーツの振興等
②スポーツを通じた健康増進
③スポーツを通じた女性の活躍の推進
（２）スポーツを通じた経済・地域の活性化
①スポーツの成長産業化

②スポーツを通じた地域活性化
3　国際競技力の向上に向けた強力で持続可能な人材育成や環境整備
　①中長期の強化戦略に基づく競技力強化を支援するシステムの確立
　②次世代アスリートを発掘・育成する戦略的な体制等の構築
　③スポーツ医・科学、技術開発、情報等による多面的で高度な支援の
　　充実
　④トップアスリート等のニーズに対応できる拠点の充実
4　クリーンでフェアなスポーツの推進によるスポーツの価値の向上
　①コンプライアンスの徹底、スポーツ団体のガバナンスの強化及びス
　　ポーツ仲裁等の推進
　②ドーピング防止活動の推進

　第2期スポーツ基本計画は、前のスポーツ基本計画と比較して大幅な改定であったことがわかる。第2期スポーツ基本計画は具体的な施策を4つの政策目標で構成している。大幅改定の背景には、スポーツ庁の設置が大きく影響している。これまで厚生労働省が担当していた障害者スポーツ施策がスポーツ庁へと移管されるのに伴い、障害者スポーツがスポーツ基本計画に組み入れられることとなった。また、スポーツ市場の拡大を図り、経済の活性化を図る施策や、スポーツツーリズムを推進し地域の活性化を図るなど、これまで経済産業省や観光庁が担当してきたスポーツに関わる経済政策や観光政策が第2期スポーツ基本計画の中で、スポーツ政策として位置づけられている。この様にこれからのスポーツ政策は、経済政策・観光政策・地域政策といった複合的政策と混ざり合うことにより、今後の国家形成において重要な役割を担っていくことになる。
　第2期スポーツ基本計画からも明らかなように、スポーツに求められる社会的役割や価値が変容・拡大して多様になっている。その一方でスポーツを学ぶ私たちの使命は、今まで以上に重要となっている。

第6章　スポーツ政策課題

1．スポーツと国籍(国際大会出場をめぐる資格について)

(1) はじめに

　世界の多くの国々では、4年に一度開催されるオリンピック大会を頂点に競技力向上が図られている。わが国でもスポーツ振興の重要な柱として、オリンピック大会等の国際大会においてメダルを獲得することが位置づけられている。

　2000(平成12)年に策定されたスポーツ振興基本計画では、オリンピックでのメダル獲得率を夏季・冬季合わせて3.5％と設定し、2011(平成23)年に策定されたスポーツ基本計画では、金メダル獲得ランキングにおいて夏季5位以内、冬季では10位以内という具体的な数値目標を掲げている。また、2020(平成32)年に開催される東京オリンピックでは、金メダル獲得順位の目標を3位以内としている。スポーツ基本計画において競技力向上を図ることの理由として、オリンピックで活躍するアスリートは、多くの国民に影響を与え、ナショナルアイデンティティを強く感じさせるからとしている。メディアを通して、メダルの獲得数の情報が国民に発信され、そこに映し出される順位は、まさにその国の国力を示しているといえる。これらは、様々なスポーツ種目での統括団体(IF)が発表しているランキングも同様である。

　国家が国際競技力の向上を図る一方、商業主義化するスポーツの中で、スポーツ選手はオリンピックや国際大会に出場し勝利することによって、スポンサーをはじめとした多方面から経済的支援を受けることになる。

　グローバル化社会は、人、モノ、金、情報といったものが、自由に行き来することも可能な社会であり、その国が定める条件を満たせば、国

107

籍を変更することも可能となる。グローバル化社会の中で国籍を語ることは不毛なことかもしれないが、私たちが行っているスポーツは、国籍によって選手登録がなされ、そこで活躍する選手を通して私たちは国家（国籍）というものを再認識するのである。以上のことから、スポーツと国籍の問題は切っても切れない関係にある。

（2）代表選考基準から見る国籍問題

多くの国々とりわけ先進国に位置する国においては、競技力向上をスポーツ振興の重要な柱としている。わが国でも「スポーツ基本法」「スポーツ基本計画」において国際競技力向上方策を掲げている。競技力向上を図る理由として、ここでは「国際大会で日本選手（チーム）が活躍することは、多くの人々に夢と希望と感動を与える」からとしている。また、青少年への影響として、「青少年のスポーツに対する興味や意欲を高め、青少年の健全育成に大いに寄与する」（平成11年保健体育審議会答申）ともしている。このことから国際競技力の向上は、国民の幸福と青少年への影響に資するものと理解できる。日本代表選手は、「礼儀を尊び規律を遵守し、活力ある日本を代表するに相応しい選手」（JOCオリンピック選手団編成方針）と定めている。この定義は、まさにわが国が求める「日本人像」そのものといえるかもしれない。

オリンピックへの参加は、オリンピック憲章によって「NOCによって選ばれ、IOCが参加を認めた選手」と定められている。また国籍についても言及しており、「NOCの国の国民でなければならない」としている。また、参加条件となる国民の定義は、IFで定める規定を適応している。サッカーでは日本国籍を有すること。ラグビーでは ①日本生まれであるか、②両親、祖父母の内1人が日本生まれであるか、③3年間以上、日本を居住地としているかの内いずれか、と定めている。陸上競技では ①その国または地域で自身が生まれたか、両親または祖父母が生まれたことでその国または地域の市民である者か、② 市民権の取得によりその国または地域の市民となった者かの内いずれかで、このケー

スにおいては、市民権取得から1年が経過した後、新たな加盟団体を代表して競技することかができると定められている。

ラグビーでは外国籍であっても3年居住することによって代表の取得条件が満たされるが、これにはラグビーの盛んなヨーロッパの事情が絡んでいる。

ヨーロッパでは法律で多重国籍が可能となっていることから、ヨーロッパでの代表選考の際に多くの選手を対象に代表を選考することができる。外国籍の選手であっても、条件を緩やかにして代表選考の際の不平等をなくす目的から、このような制度になっている。

わが国を代表する選手は、ただ単にルールに基づいて国籍を変更し資格を得るだけでなく、青少年の健全育成という大きな使命が与えられ、礼儀を尊び規律を遵守する「日本人」でなければならない。日本代表選手に対して「日本人」像を逸脱した場合、国民からの批判が集中する。過去には、試合中にガムを噛む行為、また選手に支給される代表スーツの着方が悪いなどと、国民から批判を浴びた事例が相次いだ。このようなことから、国際スポーツ大会での日本代表は、ルールに基づいて国籍を取得した代表という意味ばかりでなく、いかに国民が求める「日本人」であるかが重要となってくる。

(3) 国家形成にみる代表について

これまで述べてきたように、国の代表となる基準は、IFによって定められている。国内を統括するスポーツ団体は国に一つしか設置することができない現状を見たときに、国内統括スポーツ団体イコール国として扱うことができる。しかしながら国際情勢を見たときに、この国家の確定が非常に難しい状況にある。たとえば中国と台湾の関係では、中国は台湾を中国の一部として認識する一方、台湾は台湾として一つの国として主張しているように、国家の認識の食い違いがみられる。また欧米諸国では、19世紀後半から20世紀初頭にかけて、アフリカやアジア諸国に植民地支配を行い自国の領土拡大を図っていた。植民地となった国

109

民の一部は、労働者として宗主国に移り住み欧米諸国は移民社会として国家を形成している。欧米諸国にみる移民社会は、国家形成を複雑化し、時として移民を廃絶する動きなどがあり、多くの問題を生じさせている。

　1998年フランスW杯では、開催国のフランスが優勝を遂げたが、この当時フランス代表は、多くの移民出身者で構成されていた。当時フランスの経済状況は悪化し、失業者であふれていた。失業者が発生する原因は安価で働く移民労働者にあるとする批判が、同様に移民出身者で構成されたフランス代表チームにも向けられた。「国歌も歌うことができないチームは真のフランス代表と呼べるか」といった批判にまで至った。このことは、代表となりうる国民の条件を満たし、正当に選ばれた国家代表が、国民からその代表基準である国民の定義について問題視された事例であった。批判を浴びながらも、多くの移民出身者で構成されたフランス代表は優勝を遂げた。この結果からフランス国民はフランス代表を称賛し、フランス国内の民族融和に大きく貢献したといわれた。

　現在わが国は、人口減少社会へと突入している。人口問題研究所が発表した（平成27年度）50年後の我が国の人口は8800万人と予想している。人口減少は、労働力不足、社会保障制度の破綻、消費の縮小など社会に対し大きな影響を与える。特に、農業・水産業・林業・建設業・介護の分野で影響が大きく、産業の空洞化や地方社会の衰退など、すでにその原因となっている。このことから多くの労働者の確保がわが国においても重要な政策課題であり、多くの外国人の受け入れ（移民）に対する議論が高まっている。現在日本で働く外国人労働者の人数は、厚生労働省「外国人雇用状況（2016（平成28）年度）」によると108万人とされている。今後、日本の社会を維持するために、移民の拡大が実現すると、フランスで起きたようなスポーツでの代表問題の議論が日本でも再現されるのかもしれない。スポーツに携わる私たちにこのスポーツと国籍をめぐる議論に対しての冷静な対応が求められのは言うまでもない。

　グローバル化社会において国家間の移動が容易になり、そこで起こる

国籍変更は当たり前の時代となってきた。国籍変更はその国で定める規則に則るもので、法的根拠をもったものである。国際スポーツ大会への出場をめぐる資格も各競技団体が定める規則に則るもので正当な手続きを経ているものである。しかしながら、このスポーツと国籍の問題は、社会状況からくる国民の不満によってたびたび問題となってきた。国際競技力の向上には、多額の税金が投入され選手の育成が行われている。税金の使途の観点からすると、国籍変更者に対する税金の投入については、不満を抱く国民もいると考えるべきである。一方、国民の代表として国際大会で活躍する姿は、広く国民に感動や希望を与えることにもなる。スポーツと国籍をめぐる問題に対しては、冷静に向かいあって行く必要がある。

2．障がい者スポーツとノーマライゼーション

　2020年東京オリンピック・パラリンピックの開催決定により、障がい者スポーツが大きな注目を集めるようになった。障がい者スポーツは、リハビリテーションや運動療法の一環として行われるようになったのがはじまりである。本格的に取り入れられるようになったのは、第二次世界大戦中に多くの傷病者が生まれたことが大きな要因である。戦争によって受けた障害で歩くことに支障が出て、車椅子を使うようになった人たちのリハビリテーションのためにスポーツが積極的に導入された。現在、パラリンピックは障がい者のスポーツ大会として最も大きな規模を有している。テレビなどで観戦したことはなくとも、大会名を知らない人はほとんどいないぐらい認知度は高まっている。元々、「パラリンピック」という言葉は、1964年東京オリンピック後に行われた「国際ストークマンデビル車椅子スポーツ大会」の名称として使われたのが始まりである。当時は車椅子に乗っている人だけが参加できる大会であることから、「対麻痺者」を意味するパラプレイジア（paraplegia）とオリンピックの合成語として「パラリンピック」と名付けられた。しかし、その後この名称は使用されず、1988年ソウルオリンピック後に開催された大会から公式名称として使用されるようになった。ただこの時の「パラ」は、平行した、もう一つという意味のパラレル（parallel）から名付けられたものであった（高橋 2003）。

　障がい者スポーツといっても、障害の種類によって大きく異なる。障害者基本法では、障害の種類を身体障害、知的障害、精神障害に分類しているが、障がい者スポーツでは国際大会との関連性で捉えると以下の通りとなる。

- パラリンピック－身体障害者、視覚障害者、聴覚障害者、知的障害者
- デフリンピック－聴覚障害者
- スペシャル・オリンピックス－知的障害者

こうした中、障がい者スポーツにおける競技力は格段に向上し、一般の健常者のレベルを優に超えている。例えば、視覚障害者のトライアスロンの伴走者は元オリンピアンなどが行っている。またドイツでは、オリンピック代表を決める陸上の大会（走り幅跳び）で、義足の選手が健常者の選手より良い記録を残し、物議を醸した。一般的に、競技力レベルが高い中で競技力を向上させようとすると、コーチやトレーナー、栄養士などの人的サポート、トレーニング施設や器具、練習場などの物的サポートや遠征・合宿に参加を行うための金銭的サポートが必要となる。これらのサポートは障がい者の競技力向上にとっても必要になってきている。したがって、これらのサポートができるような支援が求められるが、障がい者スポーツの所掌が厚生労働省から、スポーツ庁の設置に伴いスポーツ庁に移管され、2020年東京パラリンピックに向けて支援が行われている。

　それに伴い、企業の対応も大きく変化を見せており、障がい者スポーツの競技団体に多くの企業がスポンサードするようになった。また障がい者アスリートを雇用する企業も増加している。これは、障がい者スポーツの認知度が向上しただけでなく、障害者雇用促進法の制定も大きく影響している。障害者雇用促進法は、50人以上の従業員を雇用している企業に対して、障害者を従業員数の2.0％の人数雇用することを義務づけているものである。障がい者総合研究所の「障がい者アスリートの雇用」に関する調査（2016）によると、障がい者アスリートを雇用または採用を検討している理由として、「社会の一体感を高める為」が最も多く80％であった。次いで、「障がい者雇用を進める上で、新たな層を採用したい為」、「CSRの為」が73％であった。つまり、障がい者アスリートを雇用することは、障がい者の自立や職業の安定を図ることに留まらず、企業活動を行う上で重要な価値を生み出しているといえる。また、障がい者アスリートの雇用においては、半数以上の企業が週5日勤務での就労形態を検討しており、就業時間や残業時間を調整することで日々の練習時間を確保できるよう配慮している場合が多い。さらに、大会や

代表合宿への参加時の勤怠の取り扱いについては、半数以上の企業が出勤日として認定しており、遠征などの活動費を補助している企業もあった。このような流れは障がい者アスリートにとっては収入や環境という面から考えると歓迎されるべきことである。また企業は、障がい者アスリートに対しても健常者のトップアスリートと同様の価値を見いだしているといえる。

　しかしながら、障がい者スポーツを普及・強化する意義は、障がい者アスリートの地位向上だけではなく、障がい者と健常者の垣根をなくし、平等な社会を構築することにもあるのではないだろうか。スポーツによって自己実現するのに障害の有無は関係ないという認識は、障害のある人とない人の間の意識の壁をなくしていくことのきっかけとなる。したがって、障がい者スポーツを普及・強化していくことは、社会全体に対してノーマライゼーションを浸透させていくことにつながると考えられる。

　ノーマライゼーションとはデンマークのバンク・ミケルソンによって提唱された概念で、施設で生活する知的障害者の制約された生活を改善し、できるだけ普通の人々に近い暮らしをすることを意味していた。当初は知的障害者だけを対象にしていたが、次第に他の障がい者や高齢者にも影響を及ぼすようになった。現在ではその概念はさらに拡大し、障がい者を含んだ全ての人が平等に生きていけるようにすることであると理解されるようになった（藤田2004）。

　ノーマライゼーションの浸透に向けたスポーツの取組みとして、ブラインドサッカー協会の「OFF T!ME」という取組みがある。この取組みは、健常者の人が目隠し（アイマスク）をして動いたり、走ったり、鈴の入ったブラインドサッカーボールを蹴ったりする体験活動である。目をOFFにする（目隠しする）ことで、コミュニケーション、チームビルディング、ダイバーシティ理解などを目的としている。また視覚障がい者と健常者でチームを構成し競技に臨む活動も行っており、交流試合の観戦と体験会を通して、障がい者との交流や、ボランティアとしてサ

114

ポートすることの大切さを認識することができる。現在ブラインドサッカーを、性別、年齢、障がいの有無に関わらず、年間2万人が体験している（日本ブラインドサッカー協会 2017）。つまり、健常者が障がい者スポーツを体験することや障がい者とスポーツを通した交流をすることが重要であるといえる。石垣（2012）は、スポーツは競技者と競技者との対話であり、スポーツの経験は単なる「私の」経験ではなく、「われわれの」経験になるという。それは、自分と他者（他の競技者、指導者、観戦者など）との間に何かが共有されることによって可能となるとしている。この共有について渡辺（2003）は、「人は、単に言葉だけでなく、頷きや身振りなど身体によるリズムを共有して、互いに引き込むことで、コミュニケーションしている。この身体性の共有が、一体感を生み、人との関わりを実感させている」と論じている。このように、スポーツには共感を生む機能があるといえ、ノーマライゼーションを浸透させることができるといえる。

　障がい者スポーツをこのように捉えると、2020年東京パラリンピックを、「社会のマインドセットを変えるトリガー」（日下部 2017）となる大会にすることが重要である。そのためには、開催前の準備段階から開催中、開催後といった一連の経過の中で、障がい者と健常者が共に活動や経験する場を設けて、お互いに共感しあうことが求められるといえよう。

3. スポーツイベントにおける
スポーツボランティアの意義と活用

　1995（平成7）年の阪神淡路大震災から24年、2011（平成23）年の東日本大震災から8年が経とうとしており、私たちはこの20年間で未曾有の大災害を2度経験した。2つの震災においてボランティアの活動はめざましく、ボランティアの存在無くしては今日の復興はなかったと言っても過言ではない。現在のようにボランティアが注目を浴び一般的となったのは、阪神淡路大震災がきっかけであった。阪神淡路大震災があった1995（平成7）年を「ボランティア元年」とし、また阪神淡路大震災の教訓を踏まえてボランティアの人たちがもっと活動しやすくするために「NPO」が法人格を持つことができるよう「特定非営利活動促進法（NPO法）」が作られた。

　ボランティアの定義は様々あるが、一般的なボランティアの要件として以下の3原則を挙げることができる（田尾ら、2004）。

　　「自発性」：ボランティア活動は、自分自身の自由意志によって始める
　　　　　　　　活動であり、強制されたり、義務として行わせる活動では
　　　　　　　　ない。

　　「無償性」：ボランティア活動は、物理的な、特に金銭的な等価交換を
　　　　　　　　期待しない活動であり、個人的な利益や報酬を目的にした
　　　　　　　　活動ではない。

　　「利他性」：ボランティア活動は、自己を犠牲にしても尽くす、社会の
　　　　　　　　ために何かをするという心性が必要である。

　これらはあくまで原則であり、現在のボランティアを考える上では特に「自発性」と「無償性」に注目する必要がある。「自発性」は上記の通り自ら行うという意味であるが、現在では学校教育の一貫として取り入れられていたり、依頼されて行うということは良くあることである。文部科学省中央教育審議会（2002）は「個人が様々なきっかけから活動を始め，活動を通じてその意義を深く認識し活動を続けるということが

認められてよいと考えられる。特に学校教育においては，『自発性は活動の要件でなく活動の成果』ととらえることもできる。」とし、また内藤（2009）も義務的に参加した場合でも、自らの判断によって活動を行っているか、などの活動における自発性が確保されているならば、自発性があると判断できるとしている。しかし、これらは人間の内面の問題であり、参加者の参加動機や満足度などから検討していくことが重要であると言及されている。このように自発性は参加するきっかけだけではなく、活動全体を通して捉えなければならない。

　ボランティアは時として「タダ」と同義に使用されることもあり、「タダで行うもの」と認識される場合もある。しかし無償性とは報酬を目的としないことであり、地域のスポーツクラブの指導で毎月交通費程度の謝金をもらったり、スポーツイベントの手伝いで交通費と昼食代が支給されたりすることは問題ないとされている。つまりボランティアは金銭をもらっても良いということになる。では金銭をもらう場合、どのくらいの額が妥当と言えるのであろうか。これには様々な考えがあるが、時給換算すると各都道府県の最低賃金を下回ること、活動を行うに当たって赤字にならない程度の金額であること、が目安になると考えられる。また金銭ではなく、金券やＴシャツなどの物品であってもボランティアにとっては報酬となり、必ずしも報酬は金銭というわけではない。もちろん誤解してはいけないのは、金銭や物品を支給しなくてはならないというわけではない。これらの報酬がないボランティアも数多く活動をしており、何を目的に行うかということが問題となる。

　スポーツにおいても例外ではなく、2002年サッカーＷ杯日韓大会や東京マラソンでは多くのボランティアが参加した。また東日本大震災をきっかけにアスリートのボランティアや社会貢献活動が数多く行われるようになった。このようにスポーツにおいてもボランティアが一般的となっており、様々な人が様々な関わり方をしている。地方自治体がスポーツボランティアを活用する機会の多くがスポーツイベントであることから、本節では一般の人を対象としたイベントボランティアに焦点をあて

て考えていく。

　笹川スポーツ財団（2012）によるとスポーツボランティアの活動内容
と実施率、実施希望率は以下の通りである。スポーツボランティアを
実施した人のおよそ半数弱が地域のスポーツイベントの運営や世話を
していた。またスポーツボランティアの参加動機として以下の8つの
キーワードを挙げることができる（松岡ら、2002；内藤、2007；内藤
2009）。

　①スポーツ：スポーツに携わりたい、アスリートを支援したい、など
　②運営支援：運営を手伝いたい、イベントを支えたい、など
　③社会参加：社会のために何かしたい、役に立ちたい、など
　④レジャー：休日のレジャーとして行いたい、など
　⑤学習経験：知識や技術を得たい、様々な経験をしたい、など
　⑥交流：人と交流したい、様々な人と出会いたい、など
　⑦依頼：依頼されたので参加する、企業や団体で参加する、など
　⑧報酬：報酬（金銭的、非金銭的）を得るために行う、など

表4　スポーツボランティアの分類と実施率、実施希望率

スポーツボランティア活動の内容		実施率 (%)	実施希望率 (%)
全国・国際的なイベント	スポーツの審判	3.9	1.7
	大会・イベントの運営や世話	9.7	15.5
地域のスポーツイベント	スポーツの審判	21.4	7.2
	大会・イベントの運営や世話	46.1	57.9
日常的な活動	スポーツの指導	41.6	22.1
	スポーツの審判	29.9	11.7
	団体やクラブの運営や世話	39.6	30.7
	スポーツ施設の管理の手伝い	123	19.0

（笹川スポーツ財団、2012 より作成）

　そもそもスポーツイベントにおいて、なぜボランティアを活用するの
だろうか。その大きな理由は人件費の削減である。スポーツイベントに
は多くの運営のための人員が必要となり、規模が大きければ大きいほど
必要な人員は多くなる。その全ての人員に給与を支給することになった

場合、人件費だけでも莫大な費用がかかってしまう。東京マラソンを例にとると、毎年およそ1万人のボランティアが参加しており、ボランティア全員に給与を支給すると概算で見積もっても1億円近い費用となってしまう。東京マラソン財団の2013（平成25）年度の大会運営費が約12億9000万円であることを考えると、人件費が大きな額であることが分かる。つまりボランティアの活用なくしてはスポーツイベントが開催できないのが今日の姿だといえる。（東京マラソン財団、2015）。

　ボランティア活用の目的は人件費の削減だけではない。ボランティアの活用は「ささえる」スポーツの振興という視点からも重要であり、スポーツ文化の定着につながる活動ともいえる。ボランティアに参加し満足感を得た結果、他のイベントのボランティアへも興味を持つことが考えられたり、ボランティアを活用していること自体、市民に開かれているとするイメージであり、そのイメージをPRすることができる、などの目的も挙げられる。

　しかし、ボランティアを活用する上で、デメリットがないわけではない。まず必要人数を必ず確保できるというわけではない。人材派遣のように依頼した人数が必ず揃うわけではなく、募集や団体への依頼等だけでは必要人数を集めることは難しい状況もある。また運営側とボランティアでミスマッチを起こすことも考えられる。例えば、自分が希望する業務と運営側から割り振られた業務が異なったり、時間や業務量がボランティアと運営側で認識が異なったりすることが考えられる。さらに事前説明に労力がかかることが挙げられる。ボランティアは基本的に専門的知識を有しておらず、またあまり経験値が高くないのが現状である。事前に細かく説明しておかないと運営に支障をきたす可能性がある。

　このようにメリット、デメリットがある中で、ボランティアを有効に活用するためには、ボランティア活動に参加する人を最も重要な顧客と位置付けることである。ボランティアの満足感がどのように充足されるのかを理解することが重要となる。スポーツイベントの参加者と直接ふれ合うスタッフは多くがボランティアであり、ボランティアの対応が参

加者の満足感を高めることにつながる。また満足感が高いとイベント自体の雰囲気も良くなることが考えられる。そのためには、ボランティア活動に参加する人の参加動機やニーズ、条件などを把握することがポイントとなる。性別や年代、職業などどのような人が参加するのか、どのような動機で参加するのかといったことが把握できていれば、活動の内容を決めることができる（桜井、2002）。そしてできれば、アフターフォローをすることが望ましい。大会後、ポストカードが送付されてきたり、ボランティアを対象とした打ち上げやパーティーを行ったりすることでボランティアに参加して良かったと感じてもらうことができる（遠藤、2008）。

　このように、ボランティアを有効に活用することがスポーツイベント成功の一つのカギとなる。

4．労働者としてのアスリート

　今日のサッカーを語る上で、ジャン＝マルク・ボスマン（Jean-Marc Bosman）は大きな意味をもつ。ベルギー人であるジャン＝マルク・ボスマンは、ベルギー代表として活躍したわけでもなく、ビッグクラブに在籍したわけでもない。彼を有名にしたのは、彼が起こした裁判である。それまでサッカーにおいては契約が完了しても移籍金が発生し、自由に移籍することができなかった。これに対して、ボスマンはプロサッカー選手も労働者であり、ＥＵ圏内の労働者は他国で働く自由が保障されており、移籍金が発生するのは違法であるとしてベルギー裁判所に提訴した。判断は欧州司法裁判所に委ねられ、移籍金が労働者のＥＵ圏内での自由な労働を制限しているという判決を下したのである。つまりプロサッカー選手は労働者であると判断されたのである。この判決は「ボスマン判決」と呼ばれ、超一流選手の集中化、サッカーの技術・戦術の向上など、サッカーの競技自体にも大きな影響を及ぼした。しかし移籍金自体はなくならなかった。ボスマン判決はあくまで契約が完了した選手を対象としたものであって、契約途中での移籍については、移籍先のクラブが契約を破棄するための対価として移籍金を支払うこととなった。この判決により移籍金の意味が大きく変化することとなったのはもちろんであるが、プロスポーツ選手がクラブに所有されるという立場から一労働者であるという立場を与えられたことに大きな意味がある（図18）（石渡他、2006）。

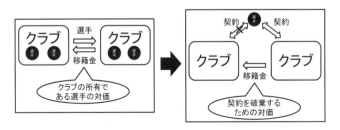

図18　移籍金の変化（筆者作成）

日本においては、選手の法的な身分が明確に定まっているわけではない。一般的にプロスポーツ選手は「個人事業主」と見なされており、年俸は事業所得とされ、選手は毎年確定申告を行っている。

　またプロスポーツ選手は個人事業主として球団やクラブと契約をするわけであるが、「請負契約」であるか、「労働契約」であるかは意見が分かれているところである。請負契約とは「当事者の一方（請負者）がある仕事の完成を約し、相手方（注文者）がその仕事の結果に対して報酬を支払うことを内容とする契約」（国税庁ホームページ）のことを指す。これは、選手の活動形態が芸能人に似ていること、高額の報酬が労働者の範疇に入らないことが請負契約であるという意見の根拠である。一方、労働契約であるという意見の根拠は、選手が球団の構成メンバーであること、選手が競技を実施することが労働の本質であり、仕事の完成という捉え方が難しいことが挙げられる。現在どちらの捉え方もされているのが現状である。契約もそうであるが、労働者としてどう捉えるかについてもあいまいである。プロ野球を例にとるとプロ野球選手は、労働者保護のため労働条件の最低限の基準を定めた法律「労働基準法」における労働者とは言い難いが、使用者と労働者との関係を規制する労働協約を締結するための団体交渉をすること等を目的とした法律である「労働組合法」における労働者としては認められている。つまり、プロ野球選手会は団体交渉権や義務的団体交渉事項は認められている。2004年の球界再編問題の際に、日本スポーツ史上初のストライキが実施されたのは、「労働組合法」における労働者であると認められたためである（水戸、2011）。

　企業に属して活動している企業スポーツチームの選手は個人によって契約内容が異なっているが、労働基準法上の労働者として捉えられている。その中で企業スポーツチームに所属している選手は大きく2つに分かれる。その分かれ目は、企業の業務、つまり仕事を行うかどうかである。仕事を行うということは他の社員と同様に仕事をし、競技を続けることである。一方、仕事を行わないということは、選手は競技に専念す

ることを意味する。競技に専念できるという意味ではほぼプロ選手と同様であるといえる。

このように考えると仕事を行わない選手の方が良いという考えになるが、仕事を行わない選手は契約社員であることが多く、競技を辞める、続けられなくなるといった場合、その企業に所属することはできない。逆に仕事を行う選手は正社員であることが多く、競技を辞める、続けられなくなるといった場合でも所属し続けることができる。(図19)

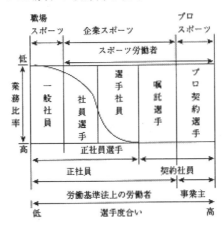

図19　企業スポーツチームにおける労働契約
（トレーニング・ジャーナル、1998より引用）

プロスポーツ選手は「パブリシティ権」において一般の労働者とは異なっている。パブリシティ権とは「著名人がその氏名、肖像その他の顧客吸引力のある個人識別情報の有する経済的利益ないし価値を排他的に支配する権利を指す」。つまり、一般の労働者の写真や映像等は特別な状況を除き、その使用により経済活動が生まれることはないが、プロスポーツ選手やオリンピックに出場する選手の写真や映像等は経済活動が生まれるということである。プロ野球やJリーグは選手のパブリシティ権は大半が球団やクラブの管理となっている。そもそも球団やクラブは選手との契約において、統一契約書を作成しており、報酬以外の条件については個別の合意を認めないのが一般的である。プロ野球の統一契約

書では、パブリシティ権は第16条に記載されており、以下の通りである（石渡他、2006）。

　第16条　（写真と出演）　球団が指示する場合、選手は写真、映画、テレビジョンに撮影されることを承諾する。なお、選手はこのような写真出演等にかんする肖像権、著作権等のすべてが球団に属し、また球団が宣伝目的のためにいかなる方法でそれらを利用しても、異議を申し立てないことを承認する。なおこれによって球団が金銭の利益を受けるとき、選手は適当な分配金を受けることができる。さらに選手は球団の承諾なく、公衆の面前に出演し、ラジオ、テレビジョンのプログラムに参加し、写真の撮影を認め、新聞雑誌の記事を書き、これを後援し、また商品の広告に関与しないことを承諾する。

（日本プロ野球選手会ホームページより引用）

　ではなぜ、プロ野球やJリーグは選手のパブリシティ権が球団・クラブの管理となっているのだろうか。日本プロ野球機構としては、そもそも選手のパブリシティ権の価値は試合を実施することから生じるものであり、パブリシティ権を選手に委ねてしまうと様々な問題を引き起こすと考えている。またパブリシティ権の使用により利益を上げた場合、選手にも配分していることを理由としている。

　個人種目でも、このパブリシティ権を使い、活動資金を得ている選手が多数いる。いわゆるエンドースメントである。商品の推奨を目的に、企業が有名人などと結ぶスポンサー契約を「エンドースメント契約」と呼んでおり、契約をした有名人を「エンドーサー」と呼んでいる。有名人の知名度や訴求効果を活用し、①消費者の注意を引きつける、②製品やブランドのイメージを高める、③消費者の購買意図を高める、ことを目的としている。企業がスポーツ選手を活用する理由は、「スポーツ選手の持つイメージ」と「露出の方法」が挙げられる。スポーツ選手は、①プレー中の華やかさ、②笑顔などの表情、③真面目な姿勢、④誠実さ、

といったイメージがあり、企業の求めるイメージと一致している。また露出の方法については、スポーツ選手の場合、意図的な発信と結果的な発信の2つがある。意図的な発信とは、スポーツとは関係ない商品のエンドーサーとなり、企業のテレビや雑誌などの広告に登場することであり、結果的な発信とは直接的なメッセージ発信は行わないが、試合に使用したりすることによって、結果的にメッセージの発信が行われることである。つまりスポーツ選手は試合に出場したり、活躍したりすることでメッセージの発信を行うことができ、有名人をエンドーサーとして使用するより、広告効果が高まるといえる。しかし、結果的な発信については、わざとらしく発信したり、わざわざ発信するためにアピールしたりすることは倫理的にもスポーツの本質としても問題視され、意図せずあくまで結果的に発信してしまったということが求められる（備前他、2011：備前他、2010）。

　以上により、アスリートは法的にも契約的にも、通常の労働者とは異なる扱いがなされているといえる。このような中でアスリート、特に個人種目のアスリートは、自分の契約内容や権利を理解しておくことが必要である。理解しておくことによって、メディアに取り上げられたり、スポンサーを獲得できたりと、自らの活動の幅を広げることにつながっていくのである。

5．スポーツと人権

（1）人権とは

　人権とは、人間の権利のことであり、私たちには等しく権利があるとされている。これは、日本国憲法において定められている。

　日本国憲法では、第3章で「国民の権利及び義務」において、次のように定められている。

○「国民は、基本的人権の享受を妨げられない。この憲法が国民に保障する基本的人権は、侵すことができない永久の権利として、現在及び将来の国民に与えられる。」(第11条)

○「この憲法が国民に保障する自由及び権利は、国民の不断の努力によって、これを保持しなければならない。・・・・・」（第12条)

○「すべての国民は、個人として尊重される。生命、自由及び幸福追求に対する国民の権利については、公共の福祉に反しない限り、立法その他の国政の上で、最大の尊重を必要とする。(第13条)

○「すべての国民は、法の下に平等であって、人種、信条、性別、社会的身分又は門地により、政治的、経済的又は社会的関係において、差別されない。(第14条)

　この憲法の条文を見ると、私たち日本国民は「生命の権利」「自由の権利」「幸福追求の権利」を生まれつき保有しているといえる。しかし、果たしてそうであろうか。私たちが生きている日常生活の中で、息苦しさや不条理を感じる社会は、私たちの人権がないがしろにされている社会ではないだろうか。私たち個人の人権をないがしろにするのは、時に個人より強大な力をもつ国家であったり企業であったりする。原子力発電所の再稼働問題や沖縄米軍基地の移転問題などにおいて、自らの主張をする地元住民の姿がテレビに映し出されるたびに、人権とは何かと思い悩むのはなぜであろうか。

　また、学校という社会の中で、児童・生徒の集団によるいじめが、個

人の生命までを奪うという事件も多発している。このような事件が発生したときの教育委員会や学校の対応を見ていると、個人の権利を擁護するという姿勢が欠落し、組織の利益を優先しようとする姿勢さえ感じ取ってしまうのはなぜであろうか。ここで明らかなことは、私たちの基本的人権というのは、憲法の条文に明記されているからといって、無条件で保障されているわけではないということである。私たちの権利は、権利が侵害されないように、権利が適切に擁護されるように、私たち自身が絶えず主張をしていかなければならないのである。これはスポーツにおいても同様である。昨今スポーツにおいて、多くの事件が発生している。このようなスポーツにおける事件から、人権について考えてみたい。

（2）暴力とスポーツ

スポーツにおける暴力＝体罰は学校における部活動にとどまらず、成人のスポーツ団体においてもその実態が明らかになってきた。なにもスポーツにおける暴力問題や反社会的な行為が社会問題として指摘されたのは最近のことではなく、以前からその都度問題が表面化されることがあっても、いつの間にか問題がうやむやにされてきたのである。

1）桜宮高校バスケットボール部員の体罰による自殺

2012（平成24）年12月、大阪市立桜宮高校2年生でバスケットボール部キャプテンの男子生徒が自宅で自らの命を絶った。桜宮高校は体育系の課程を有し、バスケットボール部は府内でも全国大会の出場を競うほどの実績をもつ強豪校であった。

体育大学出身の保健体育教員の監督は厳しい指導で知られ、日常的に指導と称する体罰が行われていたのは知られていたことであった。それは、自校の練習時に行われるだけでなく、試合時に他の指導者がいる場でも行われており、そのような場面においてもその監督は、他校の指導者らから注意を促されることもなかったという。

自殺をした男子キャプテンは、毎日練習ノートを記載するほどのきまじめな性格で、キャプテンという役割を果たすためにチームをまとめることに苦心していたが、チームを強くするために自分の役割を果たそうと努力を重ねていた。

事件発生の後、学校の設置者である大阪市は、桜宮高校の体育系二科の入試中止、すべてのクラブ活動の無期限活動停止、全教員の総入れ替えを指示したため、精算主義であり本質的な問題を解決しようとしないその姿勢に対して、保護者等からの反発を招くことになった。

２）全日本女子柔道監督の暴力事件

ロンドンオリンピック終了後の 2012（平成 24）年９月、女子選手が指導者の暴力行為について発言したのをきっかけとして、全日本柔道連盟の不十分な対応に対して、同年 11 月に国際強化女子選手 15 名がＪＯＣに直訴をする。その後、幾度かの指導者への処分等があったものの、メディアで取り上げられることにより 2013（平成 25）年に女子代表監督が辞任するに至った。組織的な問題の解決に至っていない等の指摘により、ＪＯＣからの交付金停止措置や内閣府から組織改善措置の勧告を受けることになる。外部圧力の結果、全柔連は女性理事や外部理事の登用など、暴力根絶のための改革姿勢を示すこととなった。

この 15 名の女子柔道選手が「皆様へ」と題する声明文を表明し、この事件の本質について指摘をしている。

皆様へ

（略）

　指導の名の下に、又は指導とは程遠い形で、○○前監督によって行われた暴力行為やハラスメントにより、私たちは心身ともに深く傷つきました。人としての誇りを汚されたことに対し、ある者は涙し、ある者は疲れ果てて、又チームメイトが苦しむ姿を見せつけられることで、監督の存在に怯えながら試合や練習をする自分の存在に気づきました。代表選手・強化選手としての責任を果た

第6章　スポーツ政策課題

さなければならないという思いと、各所属先などで培ってきた柔道精神からは大きくかけ離れた現実との間で、自問自答を繰り返し、悩み続けてきました。

ロンドン五輪の代表選手発表に象徴されるように、互いにライバルとして切磋琢磨し励まし合ってきた選手相互間の敬意と尊厳を敢えて踏みにじるような連盟役員や強化体制陣の方針にも、失望し強く憤りを感じました。

（略）

私たちの声は全柔連の内部では聞き入れられることなく封殺されました。

（略）

このような経過を経て、前監督は責任をとって辞任されました。

前監督による暴力行為やハラスメントは、決して許されるものではありません。私たちは柔道をはじめとする全てのスポーツにおいて、暴力やハラスメントが入り込むことに、断固として反対します。

しかし、一連の前監督の行為を含め、なぜ指導を受ける私たち選手が傷付き、苦悩する状況が続いたのか、なぜ指導者側に選手の声が届かなかったのか、選手、監督・コーチ、役員間でのコミュニケーションや信頼関係の欠如が決定的な原因であると責任が問われなければならないと考えています。前強化委員会委員長をはじめとする強化体制やその他連盟の組織体制の問題点が明らかにされないまま、ひとり前監督の責任という形を以て、今回の問題解決が図られることは、決して私たちの真意ではありません。

（略）

二〇一三年（平成二五年）二月四日

公益財団法人全日本柔道連盟女子ナショナルチーム国際強化選手一五名

（3）共通するスポーツの問題点

　この２つの事件がスポーツにおける暴力、人権の問題の全てを表しているとは必ずしもいえないが、少なくとも一つがナショナルチームというトップアスリートの指導現場での事件であり、他方はもはや義務教育化している高校の教育現場での事件であるという点において、わが国のスポーツの実態から見るならば、スポーツ全般における暴力問題を考える上で有意な事例といえる。

　両者の事件に共通していることがいくつか見られる。まず指導者の出所である。両指導者共に大学まで進学し、大学の運動部でそれぞれが選手として経験を積み、公務員（教員、警察官）として採用されながら、その職務の一部として、スポーツの指導に携わってきている。

　指導者は少なくとも４年間の大学教育を受けてきており、専門性の違いがあるにせよ、その教育の内容において生命や人権の尊重といった学問の根幹に触れることなく卒業が認められたことになる。学生生活の中心であったであろうクラブ活動においても、なぜスポーツを行うのか、その価値は何なのかといった、社会の構成員としてのスポーツへの視点を養うような機会、場面がない、考えることを必要としないスポーツ環境にいたのではないかと推察される。これはスポーツ指導者を養成している機関が大学であるという現状からすると憂慮すべきことである。スポーツはクラブ活動であり、大学教育とは別であるという論があるとするならば、それは実際の大学の実態からして世間の了解を得ることができない。現実には、大学経営においてスポーツ選手の活躍が重要な柱になっているのが実態である。このようなことからすれば、大学におけるスポーツへの教育責任は重いといえる。

　そして、指導者が選手に対して暴力行為を行いながらも、指導者はその行為に対して自らが暴力を行っているという自覚がない中で、公然と暴力行為が行われていたことである。また、暴力行為が行われていた場面において、暴力をうけている選手以外に多くの選手や第三者がいるに

もかかわらず、行われていたことである。この構図は、暴力に対して無自覚な指導者といやだとは思いながらも声を上げられない選手、問題だと思いながらも黙認する第三者の存在によって成立している。その内の一つの立場の者でも異を唱えることができれば、被害者を生むことがなかったのかもしれない。しかしながらそうは成らない現実がある。それは、「勝利する」ことは、あらゆる犠牲の上に成り立つ到達点であり、過去に選手として実績、経験がある指導者に対して、異を唱えることを許さない空気が充満していると言ってもいい。これこそがまさにスポーツにおける体育会的体質といわれるものではないか。

　さらに、暴力問題が事件化された後の対応である。事件化された後の対応は、なぜそのような問題が起きたのかという原因の究明と責任の所在の解明にあり、その後の再発防止に向けた体制等の確立が望まれる。しかし、責任の糾明については一個人に向けられ、体制等は長きにわたって改善されてこなかった。ゆえに、本質的な問題に行き着くことはなかったのではないか。一人に責任を負わせる姿勢や当該組織を廃止することによって、問題を解決しようとする体質こそに問題があると考えられる。

　スポーツにおける暴力の問題は、今日にはじまったことではないが、今、まさにスポーツに取り組んでいる選手自身が、スポーツと暴力は相容れないものであり、暴力によってスポーツが上達したり忍耐がついたりすることはないと声を出すべきである。さらに、スポーツ場面の暴力は、単に体罰を受けるにとどまらず、言葉の暴力や威圧的なハラスメントなども、人権を侵害する行為であるということを理解すべきである。スポーツにおいても人格を否定し人権を尊ばないスポーツ行為は、暴力であると言い切らなければならない。その責務は指導者はもちろんのこと選手を含む全てのスポーツ関係者に求められている。

6. 地域におけるプロスポーツの役割

　近年、プロスポーツは地域に対して大きな影響を及ぼすようになった。1993（平成5）年にJリーグが開幕し、ホームタウン制度が導入されたことがきっかけとなって、プロスポーツと地域との関係がクローズアップされるようになった。特に、鹿島アントラーズはホームタウンとしている鹿嶋市で、まちづくりの中心的存在として多大なる影響を及ぼしている。

　なぜJリーグは地域に根付く取組みを行うのか。その理由として、Jリーグの理念の具現化と収入の安定化が挙げられる。

　まずJリーグの理念について、Jリーグは、「日本サッカーの水準向上及びサッカーの普及促進」、「豊かなスポーツ文化の振興及び国民の心身の健全な発達への寄与」、「国際社会における交流及び親善への貢献」を理念として掲げており、様々な活動を行っている。地域に対しては、Jリーグ規約において以下のように定められており、社会貢献活動を行うことが義務づけられている。

　[Jリーグ規約第21条（2)]
　Jクラブはホームタウンにおいて、地域社会と一体となったクラブ作り（社会貢献活動を含む）を行い、サッカーをはじめとするスポーツの普及および振興に努めなければならない。

　またJリーグは自らの理念を具現化するために、「Jリーグ百年構想」を立ち上げた。スポーツを見る楽しみとともに、それぞれが好きなスポーツを「する」楽しみを地域の人びとに提供し、世代を超えたふれあいの輪を広げようという趣旨のもと、1996（平成8）年からキャンペーンを始めた。具体的には以下の活動が行われている。

　①Jリーグ育成活動

第6章　スポーツ政策課題

選手だけでなく、指導者や審判など、多岐にわたる人材育成の取り組み。

②スポーツ振興活動

総合スポーツクラブづくりや地域のスポーツ振興や地域活性化の取り組み。

③ホームタウン活動

ホームタウンの人々に対する様々な取り組み。

④グラウンドの芝生化活動

芝生の校庭やグラウンドが広がる取り組み。

このように、Jリーグでは、自らの理念を具現化するために地域に対して様々な活動を行っている。

次に、収入の安定化である。一般的にプロスポーツの収入源は、チケット収入、マーチャンダイジング収入（グッズ収入）、スポンサー収入、放送権収入となる。クラブの経営を安定させるためには、収入を安定させることが重要である。毎年の収入額が増加し続ければ問題はないが、ある年は減少、ある年は増加という不安定な収入であると予算計画が立てにくく運営が安定しない。収入を安定させるためには、チケット収入とスポンサー収入を増やすことが求められる。マーチャンダイジング収入（グッズ収入）の多くは観戦者がスタジアムに来て生まれる収入である。もちろんマーチャンダイジング収入（グッズ収入）は観戦者1人当たりの購入額と購入者数を乗じた金額となるが、観戦者1人当たりの購入額を増加させるのにも限界があり、購入者数を増やすことが重要となる。購入者数を増やすためには入場者数自体が増えることも必要な要素となる。また放送権収入は、Jリーグの場合、Jリーグが一括で管理して各クラブに裁量権は認められていない。

このように、収入を安定させるためには、観戦者やスポンサードしてくれる企業数を安定させることが必要となる。特に、クラブの強さや成績に関係なく、安定させることが重要であり、そのためにはホームタウ

ンに根付き、地域にとってなくてはならない存在とならなければならない。

　では実際、Ｊリーグは地域に対してどのような効果を及ぼしているのだろうか。日本経済研究所（2009）の調査によると、地域住民、自治体、地域企業・商店街、地域マスコミ、スポンサー、それぞれに効果があるとされている（表5）。

表5　Ｊリーグクラブが地域にもたらす効果

アクター	効果内容
地域住民	①地域への新たなアイデンティティの付与
	②地域愛の源泉
	③コミュニティ活動の活発化・コミュニティの再生
	④イベントの増加
	⑤若い世代への「夢」の付与
	⑥他のスポーツ・文化の呼び水
	⑦その他(健康増進、スポーツ実施率向上など)
自治体	①知名度の向上・イメージアップ
	②ホームタウン同士のつながり
	③自治体の宣伝活動へのコンテンツの付与
	④税収効果
	⑤自治体所有のスタジアムの有効活用・ネーミングライツによる歳入増大
地域企業・商店街	①各種の経済効果(観光・交通・飲食など)
	②雇用の増加
地域マスコミ	①報道内容の多様化・活発化
	②売上向上への貢献
スポンサー	①自社の知名度・イメージ・信頼度・評価の向上
	②クラブとの人間的な付き合いそのものから得られる喜び・楽しみ
	③スポンサー企業の社員の誇り・レクリエーションの増加

出典：日本経済研究所(2009)より筆者作成

　この調査によって、プロスポーツが地域にもたらす効果の項目について、実際にどの程度の効果なのか、どのような指標が変化したのかは今後の課題ではあるが、Ｊリーグクラブが、地域に対して、経済的効果だけでなく、知名度やイメージの向上、コミュニティ活動の活発化、地域アイデンティティの醸成など非経済的効果も報告されていることは注意

すべき点である。非経済的効果は金銭的な利益を生み出さないが、間接的に社会コストを下げることができるとされている。例えば、スポーツによってコミュニティ活動が活性化されると、コミュニティ活動の活性化のための予算を圧縮することにつながることが考えられる。

　これらの効果は自動的に生み出されるわけではなく、効果を生み出すような政策や施策を展開することが地方自治体には求められる。特に非経済的効果は重要である。非経済的効果を政策に反映させている取組みとして、川崎市のシティプロモーションが挙げられる。

　川崎市は、多彩な魅力があるものの市外にはあまり知られていない。また川崎市は「公害のまち」という都市イメージを持たれているといった問題に対し、イメージの向上を図るため、2004（平成16）年よりシティプロモーションに取組んでいる。シティプロモーションとは、地域の魅力を地域内外に効果的に発信し、イメージや知名度を向上させていくことである（河井 2009）。魅力のひとつの分野として、スポーツが活用されている。川崎市は、Jリーグクラブだけでなく、バスケットボールやバレーボール、アメリカンフットボールなどのトップチームが数多くあることから、それらのチームを「かわさきスポーツパートナー」と認定し、プロスポーツをシティプロモーションの一手段として活用している。具体的な事業としては、市民との交流イベントやスポーツ教室、選手による地域活動などを実施している。この政策の成果の一部として、川崎市は以下の指標の変化を報告している（川崎市 2015）。

　○川崎市の都市イメージが良いと思う隣接都市在住者の割合
　2003 年：26%　→　2013 年：54%
　○今後も市内に住みたい人の割合
　2003 年：69%　→　2013 年：76%

　また他の取組みとして、シビックプライドの醸成が挙げられる。シビックプライドとは、「市民が都市に対して持つ誇りや愛着」のことである。

シビックプライドが地域で醸成されると、社会参画、都市アイデンティティ、熱狂的愛郷心が醸成され、この地域に住み続けたいという継続居住意向と地域を人に勧めたいという推奨意向に影響を与えるとされている（シビックプライド研究会 2008：2015）。人口が減少している地域にとって、シビックプライドは人口の減少を是正する重要な要素となる。プロスポーツによってシビックプライドが醸成されている事例として、Ｊリーグ松本山雅ＦＣとＢリーグ栃木ブレックスが挙げられる。松本山雅ＦＣは市民の手によってつくられ、現在では松本山雅ＦＣが盛り上がれば松本市全体が盛り上がるという関係が構築されており、熱狂的愛郷心が醸成されている。また栃木ブレックスのホームゲームでは、試合前にブースター（ファン・サポーター）が栃木県の「県民の歌」を歌っている。歌うことで栃木県民の観戦者が栃木県民であることを意識し、何度も歌ったり聴いたりしていると愛着も湧いてきて、栃木県に対するシビックプライドが醸成されていく。このように、プロチームはシビックプライドを醸成させる装置として、重要な機能を果たすことができるといえる。

　以上の通り、プロスポーツは経済的効果だけでなく、むしろ地域に対して非経済的効果をもたらしている。政策や施策に展開するためには、地方自治体はプロスポーツがもたらす効果について認識し、それを政策や施策に反映させることが必要であるといえる。反映させるためには、行政職員の政策形成能力が重要な要因となる。政策形成能力を養成するためには、政策形成能力の形成における場の設定、新しい政策形成を排除・限定化するなどの体質の克服、組織への追従ではない参画、創造力と想像力によるネットワーク内の相互作用、が必要となり（宮脇・若生 2016：真山 2001）、これらをいかに実現させていくかが今後の課題となる。

第6章　スポーツ政策課題

7．国民体育大会の可能性

（1）国民体育大会の概要

　国民体育大会（以後、国体と略）が開催される以前には、国家的な規模の総合スポーツ大会として1924（大正13）年から1943（昭和18）年まで実施された明治神宮競技大会があった。この明治神宮競技大会は、明治神宮に奉納する神前競技であったものの、国民の体力向上と士気の高揚を目的としていた。当初の主催者は内務省であったが、明治神宮体育会、厚生省へと移管されていった。これにより名称も明治神宮競技大会から明治神宮体育大会、明治神宮国民体育大会、明治神宮国民錬成大会へと、社会状況を反映し軍事色を帯びた大会へと変容していった。

　戦争によって途絶えた総合スポーツ大会は、終戦間もない1945（昭和20）年に大日本体育協会会長平沼亮三を中心とするスポーツ関係者によって、戦後スポーツの在り方を議論する中から国体として発案され、ＧＨＱの承認と政府からの補助金を得て、京阪神地区を中心として第1回大会が開催された。

　国体の目的は、「広く国民の間にスポーツを普及し、スポーツ精神を高揚して国民の健康増進と体力の向上を図り、併せて地方スポーツの振興と地方文化の発展に寄与すると共に、国民生活を明るく豊かにする」とされている。またスポーツ基本法第26条では、「国民体育大会は、公益財団法人日本体育協会、国及び開催地の都道府県が共同して開催する」「全国身障者スポーツ大会は、公益財団法人日本障害者スポーツ協会、国及び開催地の都道府県が共同して開催する」とされており、国が主催者に加わり、唯一法律によって規定されたスポーツ大会でもある。第1回大会から第3回大会までは、日本体育協会の単独開催であったが、第4回大会から開催地都道府県が、第5回大会から国が主催者に加わり、現在の3者による開催形態となった。第2回の石川大会の開催時に、北陸地方を巡幸されていた天皇皇后両陛下の御臨席を得たことにより、そ

137

れ以降の大会への御臨席と杯の授与が行われるようになった。そして第3回大会から都道府県対抗形式となり、本大会・冬季大会を通じて男女総合成績の1位の都道府県に天皇杯、女子総合成績の1位の都道府県に皇后杯が授与されている。開催する都道府県はすべての競技の予選会が免除されているため、勝敗に関係なく参加出場するだけで参加得点が加算される仕組みがある。

　1954（昭和29）年に自治省（現在の総務省）から国体の開催は都道府県の財政を圧迫させるとの理由から地方開催の問題点を指摘され、東京での開催と既存施設での開催を求められた。これに対して日本体育協会は、大会の性格と開催手続き等について、「国民体育大会開催基準要項」として定め、国民体育大会に地方スポーツ振興を目的の一つとしたスポーツ大会として明確に位置づける大会開催方針を定めたことにより、今日に続く国体の性格づけがおこなわれたといえる。

　現在、国体の開催は冬季大会と本大会に分けて実施され、実施競技は正式競技、公開競技、デモンストレーションスポーツ、特別競技で構成され、その内の正式競技が都道府県対抗形式で行われる。また、これら競技以外に、文化プログラムがＮＰＯ法人スポーツ芸術協会と共に実施される。特別競技として実施される競技は、高等学校野球と規定されている。実施競技は、「国民体育大会における実施競技について」の定めに従い、選定された競技を対象に4年ごとに見直すこととされている。因みに2014（平成26）年の第70回大会から第73回大会まで実施対象競技は次のように定められている。

1）実施競技（41競技）

①毎年実施競技（37競技）

［本大会］

　　陸上競技、水泳、サッカー、テニス、ボート、ホッケー、ボクシング、バレーボール、体操、バスケットボール、レスリング、セーリング、ウエイトリフティング、ハンドボール、自転車、ソフトテニ

ス、卓球、相撲、馬術、フェンシング、柔道、ソフトボール、バドミントン、弓道、ライフル射撃、剣道、ラグビーフットボール、山岳、カヌー、アーチェリー、空手道、クレー射撃、ボウリング、ゴルフ

［冬季大会］

スキー、スケート、アイスホッケー

②隔年開催（4競技）

［本大会］

軟式野球、銃剣道、なぎなた、トライアスロン

2）公開競技（4競技）

［本大会］

綱引、ゲートボール、パワーリフティング、グランド・ゴルフ

3）デモンストレーションスポーツ

開催県が希望する競技

4）特別競技

［本大会］

高等学校野球

また、次の第74回大会から第77回大会までの間においては、軟式野球、なぎなた、トライアスロンが毎年実施される正式競技となり、クレー射撃が隔年実施の正式競技となる。実施競技の参加区分は、成年男子、成年女子、少年男子、少年女子からなり、各区分の年齢は細則で競技ごとに定められている。

(2) 国民体育大会の改革

国体の在り方や改革については、国体の主催者である日本体育協会の内部諮問組織としての国民体育大会委員会が検討の中心的な役割を担っ

てきた。これまで国体の在り方については、1998（昭和 63）年の第 43
回大会（京都府）で開催地の 2 巡目を迎えたことにより、幾度となく国
体の在り方につて議論が起こったものの、大きな改革へとはつながって
こなかった。これまで指摘されてきた問題は、1957（昭和 32）年以降、
開催都道府県が必ず総合優勝をするというスポーツ大会としては考えら
れない常識が今日まで続いていることである。また、開催都道府県は優
勝をするために多額の強化費の充当や選手の教員枠採用などがおこなわ
れ、その後の教員採用がしばらく行われないことによる教育現場へのし
わ寄せも現れている。また有望な選手が選手登録する都道府県を毎年の
ように渡り歩く「ジプシー選手」も存在していた。このような国体開催
都道府県の優勝至上主義的な選手確保等のありかたについて批判がされ
てきた。

　このような国体の開催状況の中で、第 57 回高知大会（2002（平成 14）年）
の開催地であった高知県は総合順位 10 位であった。当時の高知県知事
は、地方分権化という大きな潮流の中で誕生した改革派の象徴でもあっ
た橋本大二郎知事（1991（平成 3）年から 2007（平成 19）年までの 4 期）
であった。橋本知事が開催地である高知県が総合優勝を目指さない理由
として、高知県の厳しい財政事情があるとしながらも、次のように述べ
ている。

　「・・・スポーツの世界では中央の競技団体なり協会なりがきめたこ
とが、分権ということに関係なく他方に押しつけられてくる。・・・昭
和 39 年に東京オリンピックが開かれました。この年の国体が新潟大会
でございますが、この年から開催県が 38 年連続総合優勝、天皇杯をと
り続けておりました。・・・国体は予選があって予選を通過した選手が
本大会に出られます。ということは当然競技人口の多い大阪とか東京都
が有利になってこざるを得ませんし、・・・。開催県になりますと選
手強化ということで膨大な強化費が使われます。・・・その強化費とい
うお金を使って「渡り鳥」と呼ばれる、その開催の前後だけその県の選
手になるような選手を多数雇われるというようなことを繰り返してこら

れました。

　・・・せっかく大会を開くんだから、その後の生涯スポーツにつながるような強化費をということで考えて参りました。・・・国と地方という行政の中での関係だけでなくて、日本中にいろんな古くからのしきたりというか、何となく抜けられないものというものはいっぱいあるのではないか。・・・」

　まさに国体の問題の本質を見抜いた指摘であり、行動であったといえる。しかしながらこの一地方からの改革の提言と実行は、その後の大会に継承されることはなく、従前の国体へと姿を戻した。

　1988（平成10）年に、国体の開催予定7県から、「国体の簡素・効率化に関する要望書」が提出されたことにより、2001（平成13）年国体委員会に国体改革案策定プロジェクトを編成し、「国体ふるさと選手制度」、ドーピング検査の導入、中学3年生の参加競技の拡大など「大会の充実・活性化」、夏季大会・秋季大会の1本化や大会規模の適正化など「大会運営の簡素・効率化」を柱とした改革案「新しい国民体育大会を求めて～国体改革2003～」を策定した。さらに、2003（平成15）年、「国民体育大会の今後のあり方プロジェクト」を編成し、「実施競技の分類（正式競技、公開競技等）」「正式競技の実施形態の整理（毎年・隔年開催）」「女子種目の拡充」、さらには冬季国体のあり方に関する改革、改善の方向性を提言した。

　このような中、2011（平成23）年のスポーツ基本法の公布、翌2012（平成24）年スポーツ基本計画の制定は、国体の改革を加速させることとなった。これら国家のスポーツビジョンをうける形で、今後の国体の方向性は「地域の活性化」「スポーツ文化の浸透」「アスリートの発掘・育成・強化」とされ、国体の実施方法は①毎年開催、②都道府県持回り開催、③都道府県対抗、④開催県のフルエントリーを基本とすることが示された。

　このように、国体の主催者である日本体育協会は国体の改善を図る努力を継続的にしているものの、国民の国体への関心や興味は極めて低く、

開催地を除けばスポーツ大会としての魅力が低い大会となっている。これまでの国体が果たしてきた役割は大きく、地方スポーツ財源の確保をするという視点から見るならば、国体の多様な機能は評価されるべきかもしれない。しかしそれは、スポーツの経済的、行政的な側面に過ぎず、スポーツ本来の文化性から見るならば、開催県が必ず優勝するという構図は、スポーツの魅力からすると相容れないものである。魅力ある国体の姿を、スポーツ本来の姿から導き出さない限り、国体が国民から支持される大会とは成りえないのではないだろうか。

8. スポーツイベント開催と地域振興の関係

　近年、多くの地方自治体がスポーツイベントを開催している。その開催件数は2009（平成21）年度で6673件にも及んでいる（図20）。スポーツイベントが開催されるようになったきっかけは、「東京マラソン」の開催といわれている。東京マラソンの成功により、規模を問わず多くの自治体でマラソンやランニングイベントが開催されるようになった。また「山ガール」という言葉の流行により、登山やトレッキング、トレイルランニングなどのアウトドアイベントも数多く開催されるようになった。マラソンやアウトドアのイベントは大規模な施設を有していなくても日常環境をフィールドとして開催できるという点で共通しており、多くの自治体で開催されるようになった理由の一つといえる。

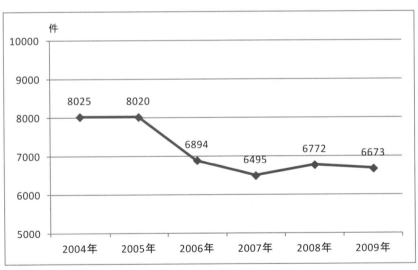

図20　スポーツイベント開催件数
（日本イベント産業振興協会、2014より作成）

　一方で、スポーツイベントの開催に際し、多くの地方自治体においてはスポーツを担当している部課がスポーツイベント開催の中心的役割を担っている。しかしいくつものスポーツイベントを主催したり、誘致し

たりするのは現実的に難しい。そこで近年、「スポーツコミッション」という組織を立ち上げる自治体が増えてきている。スポーツコミッションとはスポーツを通じた地域振興やまちづくりを目指す組織のことで、大規模イベントの誘致・開催、スポーツツーリズムの形成を主な目的としている。最も有名なのはさいたま市の「さいたまスポーツコミッション」である。さいたまスポーツコミッションの組織化により、さいたま市では数多くのスポーツイベントが開催されるようになった。

　そもそも地方自治体はなぜスポーツイベントを開催するのだろうか。当たり前だが地方自治体はスポーツイベントに何らかの効果を期待して開催する。スポーツイベントの効果は経済的効果と社会的・文化的効果に大別される。経済的効果とは、スポーツイベントが「経済」に与える影響であり、さらに直接経済効果と経済波及効果に分けられる。直接経済効果とは主催者が支払う会場費や運営費、来場者が負担する交通費や宿泊費、飲食費を指す。経済波及効果とは直接経済効果が誘発する効果や個人所得の増加、雇用創出、税収増大などが挙げられる。一方社会的・文化的効果とは、スポーツイベントが「地域」に対して与える非経済的効果を指す。具体的には、①地域社会の活性化と地域産業の振興、②地域のスポーツ振興、③地域アイデンティティの醸成、④地域コミュニティの確立、⑤地域の知名度やイメージの向上、⑥地域の新たな魅力の創出・拡大、⑦地域の環境整備の促進、⑧国際交流の伸展、⑨広域連携の促進などが挙げられる（間宮ら、2003）。またスポーツイベントはメディアにも取り上げられやすく、老若男女楽しめることから、情報発信度や波及度は他のイベントよりも大きいといえる。

　スポーツイベントを企画するにあたり、経済的効果、社会的・文化的効果のどちらかの効果だけを目的に行うのではなく、両側面からの効果を上げることを目指すことが地域全体にとって意味あるイベントになる。これらの効果を出発点として考えると、必ずしもスポーツのルール通りに行わなくても良いと言うこともできる。例えば、トライアスロンを例にとると、距離の短縮やリレー形式への変更など、イベント独自の

ルールを設定しているものも見られる。またランニングイベントでは、給水所やゴールにスイーツが給付される「スイーツマラソン」、光るアイテムを身につけて音楽を楽しみながら走る「STARLIGHT RUN」、ランニングしている途中にカラーの粉を掛けられる「カラーラン」といったイベントが若い女性を中心に受け入れられている。つまり、参加者にとってスポーツを楽しむということの意味が変化しており、主催者にとってはこれらの効果をいかに上げるかといったことが重要視されるようになってきているともいえる。

　しかしながら、このような効果を上げることができるスポーツイベントをどの地方自治体でも開催できるわけではない。開催に大きく影響するのが、その自治体が持つ「都市力」である。都市力とは、社会資本や経済状態などの力のことで、「交通規制ができるか」、「施設は充実しているか」、「住民はイベント開催を歓迎しているか」、「治安は良いか」、「宿泊施設や飲食店は充実しているか」といったことが開催にあたり求められる。逆にスポーツイベント開催のために都市力を上げることもある。1964（昭和39）年の東京オリンピックでは、東海道新幹線が開通し、首都高速道路が建設された。また2020年の東京オリンピックに向け、道路の再整備や都バスの24時間試験運行が行われている。つまり、都市にとってもスポーツイベントの開催は大きな影響を受けることになる。ただ間違えてはいけないのが、都市力がある＝大都市ということではない。もちろん大都市は都市力があるといえるが、地方の小さな自治体であっても都市力がある自治体はたくさんある。自分達の持つ資源を把握し、組み合わせながら、いかにイベントを企画、運営していくかが重要となる。

　スポーツイベントを開催するにあたり、企画運営者が最も考えなくてはならないことは、「レガシー」である。レガシーとは「イベントの後に残される結果」（ISO20121）、「イベントの後にも持続する効果」（GRI EOSS）と定義されている。例えばオリンピックである。オリンピックのレガシーを「オリンピック・レガシー」とし、オリンピックの遺産を

いかに持続させるかが申請段階から問われている。つまり、スポーツイベントの効果やそこで培われた都市力をいかに持続させることができるかが重要になるといえる。このような中、これらの効果をどのように評価していくかが課題になっていくだろう。今日、地方自治体は税金を何にどのように使い、どのような効果があったのかといった説明責任（アカウンタビリティ）が要求されるようになった。スポーツイベントも例外ではなく、スポーツイベントの開催に際し、税金を使いどのような効果があったのかを説明できなくてはならない。これまでは参加者数や観戦者数が主な指標であったが、上記の効果を期待するのであれば、様々な評価指標を設定する必要がある。基本的な指標として以下の10項目が挙げられる。これらの指標を基にそのスポーツイベントに合った評価項目を設定するのが望ましい（イベント産業振興協会、2014）。

①来場者数（観戦者数、参加者数等）
②運営の協力者数（ボランティア、出展数等）
③参加者・観戦者の満足度
④周囲への波及度
⑤参加者・観戦者のリピート意向度
⑥イベント主旨の理解度
⑦周囲への情報発信度
⑧経済効果
⑨企画運営に対する評価
⑩新たなアイデアの創出効果

スポーツイベントは地域振興にとってキラーコンテンツとなりうる可能性を持っているといえるが、イベントを成功させることを目標とするのではなく、イベント後においてもいかに効果を持続させるか、いかに地域全体に効果を広めるか、を考えることが重要な視点となる。

第6章　スポーツ政策課題

9．トップアスリートの支援
（育成からセカンドキャリアまで）

　現在、オリンピック種目を中心にアスリートに対する強化費用を一部税金で負担している。アスリート個人のスポーツ活動になぜ公的な税金を充てることができるのだろうか。その一つの回答を「スポーツ基本法」に見ることができる。スポーツ基本法の前文において、「スポーツ選手の不断の努力は、人間の可能性の極限を追求する有意義な営みであり、こうした努力に基づく国際競技大会における日本人選手の活躍は、国民に誇りと喜び、夢と感動を与え、国民のスポーツへの関心を高めるものである。これらを通じて、スポーツは、我が国社会に活力を生み出し、国民経済の発展に広く寄与するものである。」と謳われている。アスリートが活躍する姿を国民がみることによって、元気になったり、勇気づけられたり、夢を持てたりすることができ、それによって生活への満足度や活力が上がると考えられている。実際に2015（平成27）年度文部科学省予算では、「国際競技力向上に必要な経費」として100億円以上もの税金が使用されている。

　近年、強化する対象年齢は下がっており、ジュニアのアスリートを対象にした様々な強化事業が進められている。特に日本オリンピック委員会（JOC）の「JOCエリートアカデミー事業」が知られており、味の素ナショナルトレーニングセンターを生活及び練習の拠点として、競技団体と連携しながらジュニアアスリートの育成を行っている（日本オリンピック委員会ウェブサイト）（図21）。

　アスリートへの支援として重要な課題とされているのが、「セカンドキャリア」の問題である。

　スポーツにおけるセカンドキャリアとは競技引退後の仕事やキャリアを指す。アスリートには必ず引退があり、一般社会人の定年である60〜65歳まで競技者であり続けることは不可能である。サッカーの三浦知良選手、野球の山本昌選手、スキージャンプの葛西紀明選手のように40

147

目標	味の素トレセンの機能を活用し、長期に渡り、集中的な指導を行い、オリンピックで活躍できるトップアスリートを育成する。 文部科学省、教育機関等と連携を図りながら、スポーツを通して社会の発展に貢献できる人材を育成する。
概要	味の素トレセンを生活拠点として、全国から発掘した優れた素質のあるジュニア選手を近隣の学校に通学させながら、各競技団体の一貫指導システムに基づいた指導を行う。
対象者	中学　1年から　高校3年まで 平成26年度 　レスリング10名、卓球19名、フェンシング16名、飛込み3名、ライフル射撃4名　計52名
開始時期	2008年4月

図21　JOC エリートアカデミー事業の概要
（日本オリンピック委員会ウェブサイトより作成）

歳を過ぎても第一線で活躍できるアスリートはまれであり、多くのアスリートが20歳代のうちに引退する。年金を支給される年を基準にすると、アスリートとしてのキャリアよりその後のセカンドキャリアの方が長いといえる。

　次に「競技と仕事の両立」の問題である。競技だけの収入で生活できるスポーツやアスリートは少なく、多くの選手が仕事をしながら競技を続けていたり、企業スポーツチームに所属しながら競技を続けている。このような場合、他の一般社員と同様に働くことは難しく、企業側の理解や配慮がないと競技を続けていくことは難しい。また理解がある企業を探し、就職すること自体アスリートにとっては大きな負担となる。

　ではなぜアスリートのセカンドキャリアを国家が支援する必要があるのだろうか。「好きなことをやってきたのだから、引退後も自分自身で何とかすればいいじゃないか」、「アスリート時代に多くの収入があったのだから何とかなるんじゃないか」という考え方もある。しかしそれでは、将来スポーツ選手を目指す子どもが少なくなってしまうのではないか、有望な選手が競技を続けられなくなるのではないかという危惧があり、日本のスポーツの発展にとってはマイナスの要因になると考えられている。

　支援の具体例として、文部科学省と日本オリンピック委員会（JOC）

第6章　スポーツ政策課題

の取り組みが挙げられる。文部科学省は、「地域スポーツとトップスポーツの好循環推進プロジェクト」を実施し、アスリートが地域のスポーツクラブで指導者になる体制を整備した。この循環によって、アスリートにとってはセカンドキャリアとして働く場を確保することができ、地域にとっては質の高いスポーツ指導を受けられる、地域の知名度が上がるなどのメリットが創出され、そしてその地域で育成されたアスリートがまた地域に戻ってくるという循環が期待される（図22）。

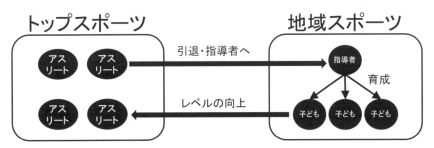

図22　地域スポーツとトップスポーツの好循環イメージ

（筆者作成）

また日本オリンピック委員会（JOC）ではトップアスリート就職支援ナビゲーション「アスナビ」を立ち上げ、トップアスリートと企業のマッチングを行っている。具体的にはアスリートのエントリーシートを公開

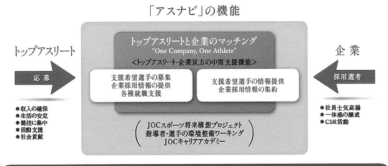

図23　「アスナビ」のスキーム
（日本オリンピック委員会ウェブサイト）

149

し、企業側に対して説明会を実施し、アスリートの就職を支援している（日本オリンピック委員会ウェブサイト）（図23）。

　これらの支援は、アスリートに対して、働く「場」を確保する取り組みである。しかしアスリートのキャリアを考えた時に、働く「場」を確保することに加えて、アスリートが自分で考え、競技を続けている時からキャリアを積めるような「自立」させる取り組みも必要なのではないだろうか。コークリー・J（1982）は、アスリートは引退後に職業上の困難を経験するが、必ずしも全員が経験するわけではなく、スポーツ以外の職業への就業のために何の準備もやっていないことと、新しい職業への心理的適応能力が低いことが困難を経験する要因と見做している。確かに働く「場」がなければ何ともならないが、働く「場」が決まった後も困難を経験しないように、社会人としての基本的なスキルやマナーも必要になってくる。特にスポーツを指導する場合、スポーツ生理学やスポーツ栄養学、トレーニング理論といった専門知識や実際の指導法なども身に付けている必要があり、知名度や実績だけで長期間指導していくことは難しい。何より、アスリートへの充実した支援が行われたとしても、当のアスリートの意識が変わらなければ意味がないといえる。

10. 大規模スタジアムの建設と維持・活用

　1964（昭和39）年に開催された東京オリンピックのメインスタジアムとして使用された国立霞ヶ丘陸上競技場は2014（平成26）年、56年の歴史に幕を下ろした。もともとは1958（昭和33）年の第3回アジア競技大会のために建設されたメインスタジアムであった。建設されてから56年間、陸上競技やサッカー、ラグビーの「聖地」として、我々の記憶に残る多くの歴史を刻んできた（日本スポーツ振興センターウェブサイト）。

　スポーツ活動を生産するためには、「ヒト」、「モノ」、「カネ」、「情報」といった資源が必要とされる。「モノ」はスポーツに必要な道具や機材を指し、施設や設備などもここに含まれる。特に大規模なスポーツイベントを開催するためには、大規模なスポーツ施設を有することが必須条件となる。近年では、2002年サッカーW杯日韓大会開催の際に多くのスタジアムが建設、改修された。また2020年東京オリンピック開催においても、様々な施設の建設や改修が行われる予定となっている。

　このような中、大規模スタジアムの建設において問題となるのが、建設費と維持費の負担である。

　大規模スタジアムは民間企業や団体が独自で建設せず、行政が主導となって、土地の確保からスタジアムの建設まで行っている。つまり建設費は全てではないが一部税金が使用されているのである。2002年サッカーW杯日韓大会に使用されたスタジアムは約200億〜600億円の建設費であったが、このような多額の金額を一部であっても負担することは財政が逼迫している地方自治体にとっては財政的に厳しいと言わざるを得ない。現に、2014年サッカーW杯ブラジル大会や、2020年東京オリンピックでは大きな問題となっている。2014年サッカーW杯ブラジル大会では、スタジアム建設費も含めた開催費を教育や福祉にもっと使用すべきと反対デモがブラジル国内各地で行われた。また2020年東京オリンピックにおいても建設費の高騰により、国立競技場の白紙撤回、

3競技会場の計画見直しが表明された。このように大規模スタジアム建設において多額の建設費が必要であり、税金を納めている住民の理解なくしては施設の建設は成立しない。

　この一方で新たな動きも見られるようになった。関西財界、サッカー界、ガンバ大阪が中心となって、大規模サッカースタジアムを寄付金により建設した。完成したスタジアムは大阪府吹田市に寄贈され、ガンバ大阪のホームスタジアムとして使用されている。募金の目標額を140億円と設定し、法人・個人の寄付金と助成金で134億6214万5415円（2015年1月14日現在）もの金額を集めた。法人・個人の寄付金は100億円を超え、これまでにない財源の確保がなされた（スタジアム建設募金団体ウェブサイト）。これだけ多額の募金で賄われて建設されたスタジアムは例外といえる。

　ではなぜ地方自治体は多額の建設費を負担してまでもスタジアムを建設するのであろうか。理由の一つとしてスポーツイベントの効果をあげることができる。大規模スタジアムを建設することによって、スポーツイベントを開催することができる。具体的には、①毎年行われる都道府県大会や全国大会の予選、②何十年に一度行われるインターハイや国民体育大会、③トップレベルのリーグや公式戦、④世界選手権などの国際大会、といった様々なスポーツイベントの開催が可能となる。スポーツイベントを開催することによって経済的効果や社会・文化的効果を上げることを期待し、大規模なスタジアムを建設するのである。

　建設費と併せてもう一つ問題となるのが維持管理費の問題である。スタジアムは建設したら終わりではなく、その後も維持管理をしなくてはならない。そのためには多くの費用が必要となる。もちろん施設使用料を維持・管理費に充当するのは言うまでもない。しかしながらほぼ全てのスタジアムが収入だけで維持管理費を賄うことができず、税金等で補填しているのが現状である。

　ではなぜ赤字となってしまうのだろうか。収入を増やすためには施設の利用率を高めることが重要となるが、利用率を高めることができな

い理由がある。主な理由として以下の3つが考えられる。1つ目は使用可能回数の制限である。サッカーやラグビー等を行う競技場では芝生フィールドは天然芝となっており、芝を良い状態に保つためには、競技場にもよるがだいたい年間使用日数を80～100日以下に抑える必要があるといわれている。つまり、芝生フィールドは高頻度の使用ができないのである。2つ目として種目の違いが挙げられる。種目の特性上、プロ野球のホームゲームは年間約70試合程度行われ、約5日に1回の割合で使用される。一方Jリーグは年間20試合未満となっており、約18日に1回のとても少ない割合である。興行日数の違いが大きく影響している。3つ目として立地条件が挙げられる。日本の大規模スポーツ施設は郊外に建設されているケースが多いが、ヨーロッパのスタジアムは街中にあり、交通の便が良く、ショッピングモールを併設しているものも少なくない。日本は土地が狭くスタジアムを建設する土地が街中にはないということもあるが、立地場所や施設規模について都市計画法や建築基準法上の制約がある。日照権や騒音など多くの配慮が必要なことにより、大規模なスタジアムをどこにでも建設できるわけではない。

スタジアムの維持管理費はこれまでの運営方法等では収入を増やすことは難しく、多額の税金負担となっていたが、近年新たな取り組みが導入された。それは新たな収入源を増やすことと利用者を増やし収入を増やすことである。

新たな収入源を増やす取り組みとして、「ネーミングライツ（施設命名権）」がある。ネーミングライツとは、1980（昭和55）年代以降にアメリカで定着したスポーツ施設の建設・運用資金調達のための手法で、施設の名称にスポンサー企業の社名やブランド名を付与する新しい広告概念である。アメリカでは、球場やスタジアムの50％以上、アリーナの70％以上がネーミングライツ契約を結んでおり、期間も20～30年と長く金額も高額である。日本では2002（平成14）年11月に味の素(株)と(株)東京スタジアムとの間で契約されたのが始まりである。当時の契約は5年間で12億円であった。その後多くのスタジアムでネー

ミングライツが広がり、現在ではほぼ全てのスタジアムが導入するまでとなった。しかし、ほとんどのスタジアムは契約が5年という短い期間に設定されており、ネーミングが根付く前に他の名称になってしまう可能性があり、充分な広告効果が期待できるのか検討の余地が残されている。また地方自治体と民間企業の査定価格に格差があり、どの企業も入札しないということも現実として起こっている（備前他、2011）。

次に利用者を増やし収入を増やす取り組みとして、「指定管理者制度」と「管理許可方式」がある。

指定管理者制度とは、2004（平成16）年の地方自治法の一部改正により、「公の施設」の管理運営の規制が緩和され、民間事業者が「指定管理者」となれるようになった制度である。これにより、総合型地域ＳＣやプロスポーツチーム、フィットネスクラブも施設管理を行うことが可能になり、施設使用料を収入とすることができるようになった（「利用料金制度」）。管理者は施設を「貸す」から「運営する」業務に変わり、事業者のノウハウをフルに活用することができ、利用者数の増加が期待できるようになった（大竹、2011）。

管理許可方式とは2004（平成16）年に示された「都市公園法運用指針」で、公園施設の設置または管理を「当該都市公園の機能の増進に資する」場合については、第三者に対して許可することができるようになった方式である。指定管理者制度との違いは、①事業者の運営上の裁量が大きいこと、②施設の設置や改修を行うことができること、③使用料（賃料）を支払わなければならないことであり、指定管理者制度よりハイリスクハイリターンな制度であるといえる（高橋、2011）。

図24　指定管理者制度と管理許可方式の違い

（筆者作成）

このように大規模スタジアムの建設はスポーツ界にとって大変喜ばしいことではあるが、建設費や維持管理費の負担、その後の活用方法を考えると地方自治体にとっては悩ましい一面も併せ持つ問題でもある。スタジアムの価値（経済的価値、非経済的価値）をどのように地域住民に理解してもらうかが重要であるといえる。

　地域住民に理解してもらうためには、まず地方自治体がスポーツの価値を認識し、それを地域住民に伝えていくことが求められる。

　スポーツの経済的価値はオリンピックなどの大規模スポーツイベントのイメージがあるため、多くの地方自治体で認識されていると考えられるが、スポーツの非経済価値を認識しているかについては、地方自治体によって大きく異なると考えられる。スポーツの非経済的価値をスポーツの振興や健康増進といったスポーツ・福祉の分野のみに限定せず、ソーシャル・キャピタルやシビックプライドの醸成やシティプロモーションの手段まで拡大して認識することが重要である。特にソーシャル・キャピタルやシビックプライドはまちづくりの基礎となるものであり、地域住民の生活の質を向上させ豊かにさせるためには欠かせないものである。生活の質が向上し豊かになることは誰しもが望むことであり、そのためにスポーツが寄与するということが地域住民に理解されれば、スタジアムの建設についても前向きに捉えられていくのではないだろうか。

11. スポーツと政治

（1）はじめに

　国際オリンピック委員会（以下、IOC）は、オリンピック憲章において「スポーツと選手を政治的または商業的に不適切に利用することに反対する」と明記している。ここで取り上げる政治とはなにかということについては、千差万別の定義があるといえる。そのような中、阿部らは「われわれの住む社会における紛争を解決し対立を調整しながら、社会の秩序を維持する人間の活動である」と定義している。近年のオリンピックの招致活動をみても、各国の元首が招致に向けての活動を積極的に行う姿を目にしてきた。

　南は過去における政治のスポーツへの介入例を、以下のように要約している。

　スポーツ活動を阻止・妨害する

　スポーツ活動を利用する

　スポーツ活動をサポートする

　スポーツ活動を監督する

　このような視点でこれまでのオリンピックの歴史を振り返ったとき、1936（昭和11）年にドイツのベルリンで開催されたオリンピック第11回大会に注目することになる。

　この大会は、国家社会主義ドイツ労働党を率いたアドルフ・ヒトラーが、アーリア民族こそが最優秀な民族であることを全世界に示すために、多大な人的・財政的資源を投入した大会であった。

　この大会で初めて「聖火リレー」が登場する。聖火はオリンピック発祥の地アテネからブルガリア、ユーゴスラビア、ハンガリー、オーストリア、チェコスロバキアを経由しベルリンに到着した。聖火は全行程3000キロを超える道のりをドイツの若者によって受け継がれ、第11回ベルリン大会を大いに盛り上げ、ドイツ国民の国威宣揚の格好の材料と

なった。その後、第2次世界大戦が勃発した時に、この聖火リレーコースは、ナチスドイツ軍のヨーロッパ進攻コースと重なり、聖火リレーは、ナチス軍が侵攻を進める上での必要な情報収集に大いに貢献したともいわれている。

開会式ではヒトラーによる開会宣言時に、観客がナチス式敬礼を行うなどそれまでになかった儀式性が加えられた。この様に、ベルリンオリンピックはナチスのプロパガンダであったと見なされ、たびたび批判の対象とされた。

現代社会において、スポーツと政治は非常に密接な関係を持ち、両者を切り離すのは非常に難しい、IOCが示すスポーツを不適切に利用する事とはどのような事なのか。また政治はスポーツと距離をどのように保てば良いのかを考えてみる。

（2）スポーツと政治との関係性について

スポーツは、政治の影響力を排するものであるとされてきた。それは、スポーツ活動は、アマチュアリズム精神が根底にあり、スポーツ愛好家の活動に他ならなかったからである。このアマチュアリズムの対義語としてプロフェッショナルがもちいられる。スポーツ活動は、金銭や物質的利益のために行うものでなく、プロよりアマチュアのほうが尊く、価値が高いという考え方に基づくものである。オリンピックにおいても、このアマチュアリズムが提唱され、プロは参加できない時代があった。しかし、選手強化やオリンピックの開催など、多くの財政支援を国や企業が行うようになり、スポーツと政治の関係性が複雑化するようになってきた。今日では、アマチュアリズムという言葉はもはや死語となり、オリンピックにおいてプロ選手の出場は容認され、政治とともにビジネスとの関係が商業主義として懸念されるに至っている。

クーベルタン男爵が提唱した近代オリンピックは、「世界平和」実現を目的に開催されているが、前述したベルリンオリンピックの事例においては、オリンピックをナチスのプロパガンダに利用されたと多くの批

判を浴びることとなった。

　一方で、オリンピックの入場行進の際、朝鮮民主主義人民共和国（北朝鮮）と大韓民国（韓国）が統一旗を掲げて南北同時行進をする政治的アピールは、世界中から称賛を得る結果となっている。

　オリンピックや国際大会を政治が利用する理由は、スポーツ大会の拡大によるものであるといえる。オリンピックやサッカー W 杯などの国際大会は、世界中の人々が様々なメディアを通して観戦する時代となった。世界中の人々が観戦することで、様々なメッセージを発信する価値を持ち、発信されたメッセージは世界中で共有されることになる。南北統一行進は、東アジアで繰り広げられている政治的問題にすぎないが、オリンピックを通して世界中の人々が朝鮮半島の問題を認識することになる。このメッセージの発信力の大きさこそが、スポーツと政治との関係性を深める要因となっている。

　東南アジア諸国においては、スポーツを通した国威発揚方策が打ち出されている。東南アジアに位置するベトナム社会主義共和国（以下、ベトナム）は、54 の民族から国家が形成されている。多くの民族を抱える国家では民族間の対立が生じ、いかに国家を統合するかが大きな政策課題となる。ベトナムではスポーツを通し国際競技力向上を図ることで、代表選手を自分たちの代表として応援することにより、多民族をひとつの国民としての意識形成に寄与させるために、国民にスポーツへと関心を持たせ国威発揚につなげている。このようなことは、ベトナムのみならず、東南アジア諸国やアフリカ諸国など、多民族で国家を形成している国々で行われている。

　近代スポーツの誕生以降、オリンピックや世界大会を通してスポーツは世界共通の文化として位置づいた。また、世界平和、経済の発展、健康の維持増進、コミュニティーの形成など、スポーツは多岐にわたり政策課題を解決するツールとして用いられるようになってきた。このように、現代社会の中でスポーツと政治の関係はより密接化するようになっていったのである。

（3）スポーツと政治のこれから

　スポーツと政治は密接な関係を持つ中で、IOC が提唱するスポーツを不適切に利用するということはどのようなことなのか。

　オリンピックや世界大会において、1選手が試合の中で政治的アピールを行うと罰則の対象となる。また観戦者も同様で試合を観戦中に政治的な発言やプラカードなどで主張を行った際も罰則が与えられる。また、オリンピックにおいてメダルを獲得することが、国力を世界中に示す事ができる国家主義の観点から、ドーピングを組織的に実施していた事例などは、IOC が提唱する政治的にスポーツを不適切に利用している事例であるといえる。

　わが国では、1998（平成10）年に『スポーツ振興投票の実施等に関する法律』を制定した。これは、スポーツ振興くじの導入であり、ギャンブルを通した新たなスポーツ財源を確保するものであった。今日では、スポーツ振興くじで得た収益をもとに、スポーツ振興助成を行い、全国各地にスポーツ環境の整備が図られている。ここで、注視する点は、スポーツ財源確保の為に、政治がスポーツを通じてギャンブルを導入したことである。わが国においてギャンブルは、刑法で勤労意欲の喪失などを理由に禁止される行為であるが、特定の目的を達成する場合のみ合法化される。スポーツ振興くじの導入は、スポーツ環境の整備という特定の目的を達成する為に創設されたものであるが、一方でギャンブルを国民に促すといった矛盾も生じてくる。

　これまで、アマチュアリズムのもとで、スポーツと政治は距離をとっていた。しかしながら、様々なスポーツ活動には、国家の財政支援が必要となり、その関係は密接なものとなってきている。IOC が定める「スポーツが政治的に不適切に利用される行為」という判断基準を定めるのは非常に困難であるといえる。このような状況の中で私たちは、政治とスポーツが適切な距離を保っているのか、今まで以上に関心を持ちその活動に注視する事が求められる。

12. スポーツ活動の場
（スポーツにおける公共と民間の境界）

（1）はじめに

　「公共」とは何か。また「公」と「私」の境界線はどこで線引きするのか今日では判断が難しい状況にある。それは、現代社会において「公共」的空間として捉えることができる場所が多く存在するからである。それでは「公共」的空間、いわゆる「公共性」を有する場所はどこなのか整理してみたい。「公共性」とは以下のように、大きく3つの空間から整理することができる。

　1）国家が関係する公的なもの
　2）特定の誰かにではなく、すべての人びとに関係する共通のもの
　3）誰に対しても公開されている

　　　　　　　　　　　　　　　　　　『公共性』　斎藤純一：岩波書店

　国家に関係する公的なものとは、公共事業や公教育といった国家が法律や政策を通して行う活動を指すことができる。すべての人びとに関係する共通のものとは、主に公共の福祉や公益事業などが挙げられる。また誰に対しても公開されているものとは、情報公開や公園など、誰もがアクセスすることが可能な空間や情報などを指すことができる。
　わが国では、60年代から「公共政策」として、道路や橋、鉄道、施設などの整備が推し進められてきた。この中には、スポーツ施設の建設も含まれている。国家が関与して建設・整備されたものなので、これらは「公共物」として扱われる。バブル経済が崩壊後、国家財政の圧迫に伴い、公共事業の縮小化が図られる一方、阪神淡路大震災を契機としてNPO・NGO活動などの市民が主体となり自発的に社会で抱える問題を

解決する活動が活発化してきた。市民が主体となって活動する「市民的公共性」の概念も新たに誕生してきた。特に、わが国のスポーツ政策において、市民のスポーツ活動の場として「総合型地域スポーツクラブ」の育成が図られ、NPO法人がその運営主体として活動していることが多い。したがって、現在のスポーツ活動の場における「公共性」を考える場合、行政が建設・整備したスポーツ施設の空間や市民の自発的な活動で運営されている「総合型地域スポーツクラブ」のような「市民的公共性」を有する組織を考える必要がある。

（2）スポーツ施設をめぐる公共性について

わが国のスポーツ施設の整備は、第2章のスポーツ活動の場所の変化でも述べたように、各省庁が定める法令によって設置されている。スポーツ施設の設置は、文部科学省、厚生労働省、国土交通省、農林水産省、環境省の各省庁や各地方自治体が様々な目的で整備を行っている。地方自治体が整備した施設の管理は、地方自治法244条の2において「公共性」を確保する為に、公共団体、公共的団体、政令で定める出資法人に委託先が限定されていた。しかしながら、バブル経済の崩壊による財政の圧迫や、公共施設の効果的・効率的な運営をはかる為に、地方自治法244条を改定（平成15年9月）し、民間のノウハウを有効活用する目的で、指定管理者制度を導入した。これにより、公共施設の管理は、各自治体が政令を制定することにより「法人その他の団体」が管理することが可能となり、団体であれば法人格の有無を問わず幅広く民間企業や市民団体が管理できるようになった。指定管理者制度により、施設設置者から業務委託費を受け取り、施設利用者からも使用料金を収入として受け取ることができるようになった。また、条例の範囲内で施設利用料金を設定し、収益を上げることが可能となった。したがって、指定管理者は利用者を増やせば収益が上がり、公共施設の活性化を図ることができる。また、監督者である地方公共団体は、公共施設の活性化が図られ、これまでかかっていた多額の運営費を抑制することが可能となる。

一方、施設建設においても民間の活力をいかす動きが見られるようになってきた。その取り組みとしてPFIやPPPといった制度がある。

PFI（プライベート・ファイナンス・イニシャティブ）とは、公共施設等の設計、建設維持管理及び運営に民間の資金とノウハウを活用し、民間主導で行うことで、公共サービスの向上を図る考え方である。これまで、公共施設の整備には、税金が投入されていたが、PFIの導入によって民間からの資金の調達が可能となり、財政負担を大幅に削減することができる。

これに近い制度としてPPP制度もあげられる。PPP（パブリック・ブライベート・パートナーシップ）とは、行政と民間が連携して公共サービス全般を提供する考えである。PPPの導入は、現在2020年東京オリンピック・パラリンピックの会場整備で導入が検討されている。海外では、シンガポール共和国のナショナルスタジアム建設で、PPPが活用された。民間の資金を活用することにより国の財政負担を抑制し、スタジアム建設の大規模化が図られた。この施設では、シンガポールのスポーツ科学機関(Singapore Sports Institute)が入り、スポーツの振興、競技力向上など、シンガポールスポーツの拠点として位置づく一方、スポーツ施設以外にも、複合施設として建設されていることから、多くの人々がスポーツ活動以外にもこの施設を訪れる仕組みができ、施設利用の活性化が図られている。

以上のように、これまでわが国の公共スポーツ施設は、国民の税金を投入し建設・維持管理を行ってきた。しかしながら、地方自治法の改定により、民間企業やNPOなど多くの団体が公共施設の運営に関与することが可能となった。これにより、改めて「公共性」の議論が必要な時に達しているといえる。

（3）総合型地域スポーツクラブの公共性

わが国では、様々な形でスポーツ活動の組織が存在している。小中高ではスポーツ少年団や単一スポーツクラブ、運動部活動などがあげられ

る。成人のスポーツ活動の組織としては、民間企業が運営するスポーツクラブや企業内のスポーツサークルなどをあげることができる。これら運動部活動や企業内スポーツサークル、民間のスポーツクラブなどは、その組織に所属するまたは、所属できる対象が特定されていることから「私事性」の強い組織である。

　このような状況の中、わが国では、「地域におけるスポーツ環境の整備充実方策：スポーツ振興基本計画」において、「総合型地域スポーツクラブ」の育成を図っている。この「総合型地域スポーツクラブ」は、これまで「私事性」の高い組織として位置づいてきたスポーツ組織のあり方から脱却するもので、以下の要素を取り入れているクラブを「総合型地域スポーツクラブ」としている。

１）子どもから高齢者までが１つのクラブで活動できること（多世代）
２）様々なスポーツ種目を展開すること（多種目）
３）初心者からトップレベルまで、多様な志向・レベルに合わせて参加できること（多志向）

　　　文部科学省：総合型地域スポーツクラブ育成マニュアルより加筆

　また、地域住民が主体となりクラブの運営に携わり、スポーツ活動はもちろんのこと、現代社会で課題となっている地域住民との人間関係の構築をはかるためのコミュニティー形成の組織として大きな期待が寄せられている。

　「総合型地域スポーツクラブ」の運営にあたっては、NPOの法人格取得が推奨され、組織の「公益性」を求めている。また、法人格を有する「総合型地域スポーツクラブ」には、日本スポーツ振興センターから組織育成にあたり、補助金の助成を受けることができる。わが国のスポーツ政策によって推進されてきた「総合型地域スポーツクラブ」は、地域住民の主体的な活動により「市民的公益性」を有する組織として位置づ

くようになった。「総合型地域スポーツクラブ」は、平成27年現在、全国の80.8%の市区町村で最低1つ設立されており、延べ3550クラブが活動している。

これまで、スポーツ活動を行う組織は、対象者を限定した「私事性」の強い組織であったが、「総合型地域スポーツクラブ」はスポーツ活動のみならず、地域で抱える様々な問題を解決する市民活動組織としての性格を有する「公益性」の高い組織といえる。

（4）公共と民間との境界

これまで、スポーツ施設とスポーツ組織を区分して「公共性」について整理してきた。地方自治法第244条第1項で「住民の福祉を増進する目的を持ってその利用に供するための施設」として以下の要件を満たすものを公共施設として定義している。

1）住民の利用に供するためのもの
2）当該地方公共団体の住民の利用に供するためのもの
3）住民の福祉を増進する目的を持って設けるもの
4）地方公共団体が設けるもの
5）施設であること

このように公共施設の定義が定められる中で、国や地方自治体は公共施設を建設してきた。また、公の施設は公共の利益のために多数の住民に対して均等に役務を提供することがもとめられている。

今日、財政状況が悪化する中で、施設の維持管理が困難となることから民間企業が施設の管理・運営が行えるように法律を改定して対応してきた。総務省が実施した調査「公の施設の指定管理者制度の導入状況等に関する調査結果（平成27年）」では、全国76,788（52.2%）施設で指

定管理者制度を導入して、施設の管理・運営が行われている。わが国全体の公共施設の半数が指定管理者制度の対象となっていることがわかる。民間のノウハウを生かして施設運営の効率化や活性化を図り、成果をあげている制度ともいえる。特に公共のスポーツ施設では民間のスポーツクラブが指定管理者となることも多い。そもそも民間のスポーツクラブは、スポーツサービスを提供することにより、多くの顧客を獲得して提供したサービスの対価で収益をあげる組織である。多くの公共スポーツ施設は、陸上競技場や体育館等の空間を市民のスポーツ活動に提供する場である。この空間は国民の税金を投じて作られた空間であり、指定管理者制度を通じてこの空間を民間の収益活動として利用することへの是非もある。

　公共施設の維持・活性化のために導入した指定管理者制度は、公共と民間との境界を難しくしている。市民である私たちは、指定管理者制度の導入によって公共施設が、公共の利益となっているか常に注視しなければならない。

13. 地域政策におけるスポーツの活用

　現在、地方自治体はスポーツの振興に加えて他の様々な政策にスポーツを活用するようになった。これまでスポーツに関する事項は教育委員会が所掌しなければならなかったが、2007年に「地方教育行政の組織及び運営に関する法律」が改正され、学校体育以外のスポーツに関することを首長部局でも行うことができるようになった（下記参照）。この法律の改正により、教育や生涯学習という枠組みで捉えられていたスポーツが、生活や文化、まちづくり、環境など他の政策に活用され、ダイナミックな予算の確保や組織体制ができるようになった。例えば、新潟県は「県民生活・環境部」にスポーツを所掌する課が配置されており、一般的なスポーツ行政に加えてプロスポーツに関することやスポーツイベントの誘致、スポーツツーリズムの推進等を行っている（新潟県ウェブサイト）。また愛知県では、一般的なスポーツ行政は「教育委員会」に、スポーツイベントの開催・誘致は「振興部」が所掌しており、組織を分散させている（愛知県ウェブサイト）。このようにスポーツを所掌する組織をどの部署とするかは地方自治体によって判断が分かれているが、その際、スポーツをどのように捉え、どう活用するのかが重要な視点であるといえる（森岡、2011）。

（平成二十九年法律第二十九号）

「地方教育行政の組織及び運営に関する法律」

> 　第二十三条　・・・・当該地方公共団体の長が、次の各号に掲げる教育に関する事務のいずれか又は全てを管理し、及び執行することとすることができる。
> 一　スポーツに関すること（学校における体育に関することを除く。）。
> 二　・・・・・・

第6章 スポーツ政策課題

なぜこのように、スポーツが他の政策に活用されるのだろうか。堀ら（2007）は、スポーツが「まちづくり」に活用される理由を次のように挙げている。

①スポーツはどのような分野であっても結びつくことができる

スポーツは「健康」や「まちづくり」はもちろんのこと、「産業」、「観光」、「文化」、「国際交流」といったどんな分野においても活用することができる。例えば、スポーツと旅行を融合させた「スポーツツーリズム」が推進されていたり、JICA（国際協力機構）が行っている青年海外協力隊では、各スポーツ種目の指導者や体育教諭が派遣されている。

②スポーツは身体活動であるため、誰とでもコミュニケーションが取りやすい

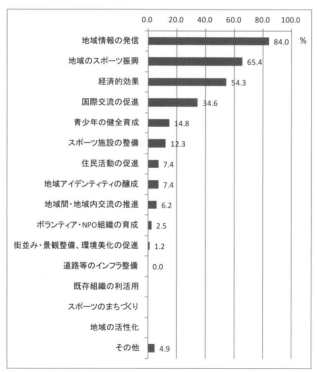

図25　誘致目的（立候補時）
（木田ら、2006より作成）

167

スポーツは世界どこでも共通のルール（もちろんローカルルール等はある）で行われており、言葉が通じなくても、一緒にプレイすることが可能である。共にプレイすることによって、他者とコミュニケーションが取れるようになり、ソーシャル・キャピタルの醸成に繋がっていく。

③スポーツには多様な関わり方がある

スポーツの享受スタイルとして「するスポーツ」だけでなく、「みるスポーツ」、「ささえるスポーツ」があり、1つのイベントや事業であっても多様な関わり方ができる。例えば、スポーツイベントはスポーツを実施する人だけでは成り立たない。それを観て楽しんでいる人や運営をサポートする人が必ず必要である。つまりスポーツは、誰でも関わることができるといえる。

では実際にスポーツを活用することによって、どのような効果が得られるのであろうか。2002年サッカーW杯日韓大会に出場するチームのキャンプ地を誘致した自治体を対象に調査した木田ら（2006）の調査を見てみることとする。

図25はキャンプ候補地として立候補する際の目的、図26はキャンプを実施する際の目的を示したものである。キャンプ地として立候補する時は、「地域情報の発信」、「地域のスポーツ振興」、「経済的効果」、「国際交流の促進」が高い割合であったが、実際には「地域情報の発信」、「地域スポーツの振興」、「国際交流の促進」、「青少年の健全育成」、「スポーツのまちづくり」、「既存組織の利活用」の目的が高い割合であった。この結果から2つのポイントが挙げられる。1つ目は「経済的効果」が減少しているという点であり、2つ目は、「青少年の健全育成」、「スポーツのまちづくり」、「既存組織の利活用」といった社会的・文化的効果が増加している点である。

キャンプ地となった効果について、「大いに効果があった」、「効果があった」と回答した割合を図27に示した。実際の効果としても、経済的効果や景観・インフラの整備ではなく、社会的・文化的効果が多くの割合を占めた。誘致に関連して、様々な事業を行っていくうちに、スポー

第6章　スポーツ政策課題

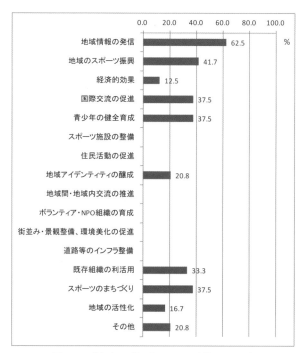

図26　誘致目的（キャンプ終了時時）
（木田ら、2006より作成）

ツの社会的・文化的価値が認識されていったと考えられる。

　最後に、スポーツをただ活用するのではなく、どのように活用したら良いか考えることとする。

　一般的にスポーツというと、オリンピックの種目として採用されている、またはされていた種目やルールや用具が近代化された種目と捉えられているが、マイナーな種目やその地域でしか行われていない種目、舞踊やダンスなどの表現文化なども含めて、スポーツと捉えることが必要となる。つまり従来のスポーツに捉われないことがポイントとなる。また、地域の資源をどう捉えるかも重要となる。例えば、地域にある海や川、山といった自然は、ある人に取ってみればただの自然である。それらをスポーツする場所として捉えた場合、どのような資源となるのか考える視点が必要である。

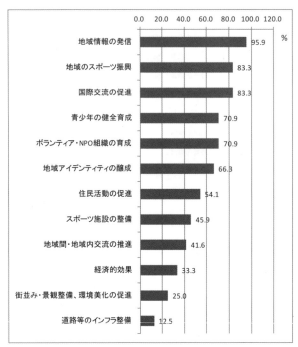

図27　誘致効果
（木田ら、2006 より作成）

　そして、地域にあるどのような課題を解決するのかという目的を明確化し、これらをどう組み合わせるかが、スポーツを活用する上で最も重要となる。例えば、交流人口増加や地域交流、休耕田の活用などを目的とした「どろリンピック」は、水田をスポーツする場所として捉え、運動会で行うような団体種目を行う。こういった組み合わせ方ができるかどうかがポイントとなる。

　一方、時本（2011）が「絵画鑑賞で人間としての感性が豊かになっていくような『みるスポーツ』、自身の経験や気持ちを社会に還元しようとするボランティア活動による社会奉仕・参加のような『ささえるスポーツ』については、未だ資源としての開発が十分になされているとはいえない。」と言及しているように、「するスポーツ」においては、各自治体で様々な事業（教室やイベント等）が行われており、資源として十分活

第6章　スポーツ政策課題

用されているといえる。しかし、「みるスポーツ」はプロスポーツや大規模スポーツイベントの誘致に、「ささえるスポーツ」はスタッフ確保の建前に終始していると言わざるを得ない。だからこそ、国際交流としてのみるスポーツや教育としてのささえるスポーツといった組み合わせをどう創ることができるかということが重要である。

　以上により、スポーツは様々な政策において活用されるようになったが、どのような地域課題に対して、地域資源をどのように活用していくのかが重要な視点であるといえる。

14. スポーツでの国際協力
（スポーツを海外で教えることの意味）

（1）はじめに

　現在、世界には多くの国が存在し、先進国と開発途上国とに区分され、国家間には大きな経済格差が生まれている。先進国は、開発途上国に対して様々な支援を行っている。その支援方法は、国家が他国に対して軍事的影響力を行使して国家再建へと支援する方法もあれば、非軍事的な支援もある。いずれの支援も国際協力という行為であるが、ここで用いる国際協力とは、後者の非軍事的支援の範囲で行われる活動を取り扱う。

　現在、わが国では多額の税金を投じて国際協力を実施している。支援方法は様々であるが、代表的なものには ODA(政府開発援助) がある。ODA は、開発途上国に対して直接援助を行う二国間援助と国際機関への出資・拠出がある。ODA 予算は、1997 年に 1 兆 1667 億円に達し、その後は減少傾向にあるものの 2017 年度で 5527 億円の予算が供出されている。わが国では、常に財政再建を求める議論がされている中、多額の税金を投じて途上国に対して国際協力を行うことについての説明が求められている。わが国が開発途上国に対して、国際協力を行う理由は、日本国憲法が一つの根拠となる。前文において「国際社会において、名誉ある地位をしめ」、「いづれの国家も、自国のことのみに専念して他国を無視してはならない」を根拠として実施されている。しかし現実的には、わが国の資源事情や食料自給率の数値を見れば明らかであるが、他国に依存しなければ国家を維持できない現状にあり、まさにグローバルな中で生きている事を意味している。わが国が開発途上国に対して国際協力を行うことは、憲法が掲げる理念と現実的な経済上の必要性の双方から重要な活動である。

　日本と相手国との間での二国間援助という支援体制をとる ODA は、援助する内容に対し贈与と貸与に分類される。贈与は主に人材育成と技

術移転をさし、貸与には金銭の援助を意味し返済の義務を有する。現在の二国間援助の主流は、「ソフト・パワー※」が中心となっている。

わが国では、この二国間援助の技術協力に当たる活動を行っているのが、独立行政法人国際協力機構（JICA）である。JICAの活動分野は、農林水産、保健衛生、教育、スポーツ指導、行政支援、コンピューター技師、公共・公益事業など多岐にわたっている。私たちが携わっているスポーツを指導することも国際協力の手段として用いられている。ここでは、わが国がスポーツを通じて、開発途上国に対して実施している国際協力について、青年海外協力隊が実施している取り組みを中心にスポーツを海外で教えることの意味について理解し、今後のスポーツでの国際協力の在り方について模索していく。

（2）スポーツを海外で教えることの意味

スポーツは世界共通の文化として位置づくものの、国によってスポーツの発展状況や理解が異なっているのが現状である。また国家がスポーツに期待する内容も異なる。このことは、スポーツを海外で教えることの意味を深く考えさせるものである。わが国の場合、国際競技力向上を図る為に、優秀な指導者を海外から招へいし、外国人指導者がその競技の指導にあたっているスポーツ援助もある。そこでは、非常に高い指導能力が求められ、また多額の報酬が外国人指導者に支払われている。サッカーやラグビーなどでは、近年代表監督に多くの外国人指導者を採用している。競技を統括する団体は、世界共通の指導者資格制度を整備しており、指導者に統一的な指導能力と技術を求めている。しかし、国際協力としてスポーツを指導する際には、世界共通の指導者資格が存在するわけではなく、派遣国が求める条件を満たした者が採用されている。

青年海外協力隊の活動は1965年から実施されており、スポーツの指導者を派遣するようになったのが1968年からである。現在では、体育教師、専門スポーツ種目のコーチとして開発途上国に指導者が派遣されている。青年海外協力隊の隊員は20歳から39歳までの男女で、2年間

173

の期限でボランティアとして活動を行う。体育教師として開発途上国に派遣される隊員は、国や地域での教育機関に所属し学校体育の指導を実施する。専門スポーツ種目のコーチとして派遣される隊員は、国の各スポーツ協会に所属し青少年への各種スポーツの普及やトップチームの競技力向上を図るなど多岐にわたって活動している。

　体育教師で派遣される隊員の場合、スポーツを通した人間形成が求められ、その国の人材育成に貢献することからその役割は非常に重要であるといえる。体育教師は、選考の際にわが国の教員免許状（保健体育）の所持と教育経験が求められる。開発途上国で体育を指導することは、わが国の体育制度の輸出が行われていることにもなる。グローバル化・国際支援が求められる日本においては、わが国で教員免許状を取得することは、国内外を問わず様々な人々の教育を行う可能性を意味する。このことは、スポーツを海外で教えることの意味を考える上で非常に重要なことである。

　一方、専門スポーツ種目のコーチとして派遣されている隊員は、開発途上国においてスポーツの普及に取り組んでいる。明治期に日本において外国人によって多くのスポーツが広まったのと同様に、現在では、日本人が開発途上国においてスポーツの普及を行っている。また、近年では、スポーツの普及と同時に開発途上国で競技力向上を担うようになってきた。競技力向上に関わる隊員には、開発途上国のチームが国際大会で優秀な成績を収めることが求められるのが現実である。青年海外協力隊の活動は日本国内で多額の報酬を得て指導するプロの指導者とは異なり、ボランティア活動としてスポーツを指導する。東南アジア諸国を例としてあげれば、東南アジア諸国では、２年に一度東南アジア諸国の国々 11 ヵ国が参加して South East Asia Games(SEA Games) が開催されている。この大会は、東南アジア諸国での競技力向上と地域での友好を目的とした大会である。オリンピック大会に出場することが難しい国が集まる東南アジアにおいて、この大会は、非常に重要な国際大会として位置づけられている。また、タイ王国のスポーツ政策を見るならば、

第6章　スポーツ政策課題

SEA Games での金メダルの獲得数を常に1位とすることを打ち出しており、国のスポーツ政策にも大きな影響を与えている。またこの地域では、多民族国家ゆえに、競技力向上はその国の国威発揚の装置として機能している。東南アジア諸国の中でもスポーツ後進国にあたるカンボジア、ラオス、ミャンマーなどの国々では、青年海外協力隊の隊員が代表監督として活躍している。隊員の成果は非常に誇らしいことである一方、ボランティア活動に対して目に見える成果を求められることは、隊員にとっては非常に荷が重い活動であるともいえる。

　その一方で日本の20歳から39歳の若者が開発途上国で積んだ隊員の経験は、ボランティア終了後帰国し、日本のそれぞれの現場で活かされることとなる。国際感覚を身につけた人材が日本社会で活躍していくことは、多様な社会を構築していく上で、わが国の国益にもつながる。開発途上国でスポーツを教えることの意味は開発途上国の発展のみならず、わが国の発展にもつながることから非常に重要なことである。

（3）スポーツを通した新たな国際協力の試み

　これまで、青年海外協力隊を例にスポーツを通した国際協力についてみてきた。しかし世界状勢は刻々と変化し、国際協力のあり方にも変化が求められている。これまでは、わが国が資金や人材を開発途上国に対して支援する形で国際貢献を行なってきた。この活動は、その国での局地的なものであり、国全体への発展に繋がっているとは言い難い。これはスポーツを通した活動も同様のことがいえるであろう。開発途上国全体に支援が広がるためにも、その国において多くの優秀な人材を輩出することが重要である。

　これまで、JICA が中心となって開発途上国のスポーツ支援活動を行ってきたが、2014 年から外務省・文部科学省（スポーツ庁）、JICA、日本オリンピック委員会、大学などの様々な機関が運営委員会を設置してスポーツを通じた国際貢献活動を実施している。この活動を「Sports for Tomorrow」と称し以下の3つの取り組みを行なっている。

175

・スポーツを通じた国際協力及び交流
・国際スポーツ人材育成拠点の構築
・国際的なアンチ・ドーピング支援体制の強化支援

　ここで注目すべき取り組みは、「国際スポーツ人材育成拠点の構築」である。この取り組みは、従来の開発途上国でのスポーツ指導はもとより、各国の指導者が日本国内の体育系大学で講義を受ける機会を設け、指導者の資質向上に努めるというものである。これまで、開発途上国に赴き指導を行ってきた国際協力とは異なり、わが国が開発途上国のスポーツ指導者育成の拠点となることは、新たな国際協力の形であるといえる。

　この他にも、近年の開発途上国におけるインターネット通信技術の普及に着目して、この技術を使用した国際貢献活動の展開も考えられる。具体的には、わが国の体育授業方法やスポーツ指導方法を動画で収録し、動画配信を通して開発途上国の体育教員やスポーツ指導者の指導をサポートすることが可能となる。インターネット通信網を使用することから局地的な支援にとどまらず、開発途上国全土へと支援が可能となる。

【注記】

　※「ソフト・パワー」とは、ハーバード大学教授のジョセフ・ナイ教授が提唱した言葉で、「政治権力を構成する要素のうち、軍事力や警察力などの物理的強制力（ハード・パワー）でない、経済力や世論、文化や思想などの影響力」と位置付けている。

第 6 章　スポーツ政策課題

15.　国際スポーツ大会からみる世界地図

（1）はじめに

　現在、総務省統計局のデータによれば、世界の人口は 73 億人とされている。この 73 億人は、いずれかの国家や行政組織に所属してこの地球上で生活をしている。

　現在、外務省が発表している世界の国の数は 196 カ国（平成 28 年 9 月現在）である。これは、日本が国として承認している国の数に日本を加えた数である。多くの日本人が観光に訪れる台湾などは、日本が国家として承認していないため国としては含まれていない。また隣国の北朝鮮は国家として承認しておらず、196 カ国の中に含まれていない。一方、世界の秩序や安定を図ることを目的とした機関、国際連合に加盟している国は 193 カ国である。この中には、日本が国家として承認していない北朝鮮が含まれている。日本がつくりあげている世界と国連がつくる世界には相違がみられる。

　スポーツにおいても、国家の数は国際スポーツ団体に加盟している組織によってこの世界の捉え方が違ってきている。スポーツにおける代表的な国際機関である IOC には 206 の国と地域が加盟し、サッカーの統括団体である FIFA には 211 の国と地域が加盟している。スポーツの場合、歴史的背景や政治的中立の観点から、スポーツ団体への加盟は協会単位での加盟となっている。多くの国々では、国家に一つ、スポーツを統括する団体を設けてそこが国際スポーツ団体に加盟する形をとっているため、国家 = NOC,NF という形で成立している。先述したように、台湾などは中国との問題を抱えながらも、独立した組織を設立して IOC に加盟してオリンピックへ参加している。また、サッカーの母国と称されるイギリスにおいては、FIFA 設立以前に各地方で独立した組織を設立していた経緯から、イングランドサッカー協会、スコットランドサッカー協会、北アイルランドサッカー協会、ウェールズサッカー協会とイ

177

ギリス本土から4つの協会がFIFAに加盟している。

　日本が国家と認定して作り出す世界地図、国際連合という組織に加盟することで形成される世界地図、またIOCやFIFAのように国際スポーツ団体に加盟して作りだされる世界地図といったように、様々な視点で世界地図というものは変化する。

　本稿では、競技力向上の視点によって繰り広げられる、国際スポーツ大会を中心に地域の変更に焦点をしぼり、スポーツが作り出す世界地図を理解していく。

（2）スポーツ大会からみるアジアの位置付け

　近代スポーツが誕生した国際的なスポーツ大会のひとつの萌芽は、クーベルタン男爵の提唱によって始まったオリンピック大会といえる。世界で開催されているスポーツ大会は各スポーツ種目で開催される大会（FIFAワールドカップ、世界陸上、世界体操等）、各地域で開催される総合スポーツ大会（アジア大会、ヨーロッパ大会、東南アジア競技会等）、イギリス連邦が植民地支配をしていた国々で開催しているコモンウェルスゲームなど様々である。4年に一度、開催されるオリンピックや国際大会などは、その大会で決められた予選や標準記録を突破し出場資格を得ると、大会に出場することができる。いうまでもなく、ここで描かれている世界とは、全世界の国々が対象となっている。

　一方、世界は、民族、宗教など様々な結びつきによりアメリカ、アフリカ、ヨーロッパ、アジア、オセアニアというように地域にわけられる。このように地域ごとにもスポーツ大会が実施されている。アジア地域には4年に一度、アジアオリンピック評議会に加盟する国々で競い合うアジア大会がある。このアジアは大きく分けて、東アジア、東南アジア、南アジア、中央アジア、西アジアと5つのエリアから構成されている。5つのエリアからなるアジアは、45の国と地域が所属しており、IOC傘下の組織として最も多い組織である。各スポーツ種目でもアジア地域を対象にスポーツ大会が開催されているが、アジアサッカー選手権で

178

第6章 スポーツ政策課題

はアジア地域のサッカー連盟を統括する AFC に加盟する 47 の団体が
出場している。AFC では、アジアの地域を 4 つの地域で構成している。
AFC が主催する大会は、アジア地域でのサッカーの優勝国を決める大
会である。AFC アジアカップで優勝を果たすと FIFA（国際サッカー
連盟）が主催する各大陸の勝者で行われる FIFA コンフェデレーショ
ンズカップに出場することができる。この様に地域は世界の一部として
構成されていることがわかる

　私たちが位置するアジア地域は、太平洋戦争や朝鮮戦争等の戦争の舞
台になるなど、様々な戦火の舞台となってきた。この地域は、種々の言
語、文化を有する民族が生活をしており、多民族国家が多くを占めてい
る。外務省が外交政策上定めるアジア地域は、日本を含め 26 カ国である。
このアジア地域の定義は、組織、団体によって異なることが判る。（表
6）外交を通じて他国との関係を構築している外務省やアジア経済研究
所（JETOR）が示すアジアも異なる。外務省は西アジアに位置する地
域を「中東」地域として、個別の政策を策定している。この中東地域は、
石油資源を含む天然資源が豊富で、また宗教観の対立による紛争が今な
お絶えない地域である。資源政策や国際社会の秩序という視点において、
わが国においては重要な地域であるからに他ならない。一方先述したよ
うにアジア大会を管理するアジアオリンピック評議会は 45 の国と地域
が加盟し、AFC には 47 の国と地域が加盟している。2006 年に、オセ
アニアサッカー連盟に加盟していたオーストラリアがアジアサッカー連
盟に加盟の変更をするという出来事が起きた。サッカー W 杯は地区ご
とに出場国が割り振られていたが、オセアニア地域とアジア地域では、
アジア地域に多くの出場枠が割り振られていた。オーストラリアは、サッ
カー W 杯に出場する機会の可能性を高めるために、オセアニア地域か
らアジア地域へと所属を変更したのである。

　アジアという地域は、様々な尺度を用いることで、アジアという範囲
が変化する。外交政策という尺度を用いれば、その範囲は狭く、スポー
ツという尺度を用いれば、外交政策で示している「中東」と「オセアニ

179

表6　各組織のアジア地域の範囲

	国名	外務省	JETORO	AFC	アジアオリンピック評議会
1	韓国	○	○	○	○
2	北朝鮮	○	○	○	○
3	モンゴル	○		○	○
4	中国	○	○	○	○
5	香港	○	○	○	○
6	台湾	○	○	○	○
7	マカオ	○		○	○
8	ベトナム	○	○	○	○
9	カンボジア	○	○	○	○
10	ラオス	○	○	○	○
11	タイ	○	○	○	○
12	フィリピン	○	○	○	○
13	マレーシア	○	○	○	○
14	シンガポール	○	○	○	○
15	インドネシア	○	○	○	○
16	東ティモール		○	○	○
17	ミャンマー	○	○	○	○
18	バングラデッシュ	○	○	○	○
19	インド	○	○	○	○
20	ネパール	○	○	○	○
21	パキスタン	○	○	○	○
22	スリランカ	○	○	○	○
23	アフガニスタン	▲		○	○
24	ブータン	○		○	○
25	極東ロシア		○		
26	ブルネイ	○			○
27	モルディブ	○		○	
28	オーストラリア			○	
29	グアム			○	
30	北マリアナ諸島			○	
31	イラン	▲	▲	○	○
32	カザフスタン			○	○
33	タジキスタン			○	○
34	トルクメニスタン			○	○
35	ウズベキスタン			○	○
36	バーレン	▲		○	○
37	イラク	▲	▲	○	○
38	ヨルダン	▲		○	○
39	クエート	▲		○	○
40	レバノン	▲		○	○
41	オマーン	▲		○	○
42	パレスチナ	▲		○	
43	カタール	▲		○	○
44	サウジアラビア	▲	▲	○	○
45	シリア	▲		○	○
46	アラブ首長国連邦	▲	▲	○	○
47	イエメン				○
48	キルギス				○

▲中東地域

外務省,JETORO,AFC,アジアオリンピック評議会の資料を基に作成

第6章　スポーツ政策課題

ア」の一部までを含み、アジアの範囲が拡大することになる。このアジアの範囲を決定するのは、地理的要因のみならず、「政策」という視点が加味されるといえる。

（3）東南アジアスポーツ大会にみる世界地図

　東南アジア地域では、2年に一度開催される「SEA Games」というスポーツ大会がある。SEA Games は、1959年に第1回目がタイのバンコクで開催された。2013年12月にはミャンマーのネピドーで開催され、これまで27回を数える大会である。SEA Games の開催は、東南アジア地域において非常に大きな意味を持つ大会である。この地域の競技レベルはあまり高くなく、オリンピック大会でメダルを獲得することは非常に困難であり、サッカーワールドカップやまた2015年にオーストラリアで開催されたサッカーアジアカップではこの地域から出場した国は1つもない現状にある。世界の先進国と呼ばれる国々がオリンピック大会において多額の税金を投じメダル獲得にしのぎを削り国力を示しているなか、東南アジア地域の国々はオリンピックでのメダル獲得もできず、ワールドカップにも出場できないことから、国力を示す機会がないといえる。この地域でもスポーツが盛んにおこなわれており、競技スポーツ選手の育成がなされ軍事力と結びついたスポーツ振興が実施されるほどである。この様な東南アジアのスポーツ事情が SEA Games を誕生させたといえる。東南アジア地域では、オリンピック大会よりも国民の関心が高い大会である。

　SEA Games は、選手が活躍する場としての役割を果たす一方、各国で大会を開催することにも大きな意味がある。第二次世界大戦や東西冷戦、また内戦等、東南アジア地域で多くの戦火が繰り広げられてきた。

　ベトナムは、2003年に22回 SEA Games を開催したが、この回が初の開催であった。かつてベトナムは、フランスやアメリカ等の大国とのベトナム戦争などによって国際社会との関係は悪化している状態にあった。このことから、オリンピック大会はもちろん、SEA Games への参

181

加も1989年のマレーシアで開催された15回大会まで行っていなかった。国際社会との関係構築が長らく途絶えていた状態にあった為、国内の発展が遅れていた。この状態を打破する為に、国家を統治している共産党は国家政策の転換を図り、スポーツ活動を強化するようになっていた。これを受けて SEA Games への参加も再開し、2003 年に SEA Games をベトナムで開催する計画を立てた。ベトナムはこれに向けてスポーツ政策の決定・強化が実施されスタジアム建設等のインフラ整備も図られていった。2013 年に開催された 27 回のミャンマー大会も同様である。

　SEA Games 開催の為に、ミャンマー政府は、首都であるネピドーに広大なスポーツ施設を建設した。

　SEA Games は国家のスポーツ政策の重要な柱として位置づき、スポーツインフラの整備を通して社会資本の整備にも大きく貢献しているといえる。

　これら地域のスポーツ政策をみても、SEA Games で多くのメダルの獲得を図ることを目標に選手の育成がなされている。この大会で最も多くのメダルを獲得しているタイは、SEA Games を重要な大会と位置付けている。タイにおいてスポーツを所管しているスポーツ庁が掲げるスポーツ政策において、SEA Games では、金メダルの獲得において常に1位となることを掲げている。

　東南アジア諸国において、SEA Games 開催の役割は非常に大きい存在である。先述した通り、アジア大会やオリンピック大会で大きな成果を収めることができない東南アジア諸国は、SEA Games での活躍が国際競技力向上の第一目標となっている。競技スポーツの視点から描く東南アジア諸国の世界地図とは、東南アジア諸国そのものである。

第6章　スポーツ政策課題

16.　近代オリンピックのこれから

（1）はじめに

　近代オリンピック（以下、オリンピック）は、4年に一度夏季と冬季の大会として、国際オリンピック委員会(IOC)が開催する世界的規模のスポーツ競技大会である。夏季大会は、1896年アテネ（ギリシャ）第1回大会から2016年リオデジャネイロ（ブラジル）まで31回の開催を重ねてきた。冬季大会は、1924年のシャモニー・モンブラン（フランス）から2014年ソチ（ロシア）まで22回大会を開催してきた。オリンピックは、様々な世界情勢を乗り越えながらも、世界最大のスポーツイベントとして発展してきた。私たちは、ここで繰り広げられるアスリートのパフォーマンスに一喜一憂し活躍する選手に対して多くの称賛を与えている。オリンピックは、スポーツを世界共通の文化として位置づけた最大の装置といっても過言ではない。

　一方、オリンピックは、各国のスポーツ政策にも大きな影響を及ぼしてきた。オリンピックでメダルを獲得することは、世界中にスポーツを通じた国力を示すと同時に活躍する選手を通して、自国に対するナショナリズムの高揚を図る装置として機能してきた。このことから国際競技力の向上は、スポーツ政策の重要な柱となり、多額の税金を投じて選手の育成を行ってきた。また、オリンピックを自国で開催することは、スタジアム建設に伴う会場整備やその周辺のインフラ整備など公共事業が活性化し、それに伴い国内経済が刺激され経済の成長が見込まれるとされる。また、オリンピック観戦に伴い多くの観光客が開催地を訪れることから観光産業の活性化が見込まれるなど、経済政策や観光政策など国家の成長を促す起爆剤となることから、オリンピックの招致が過熱する要因となっていった。

　このような背景から、オリンピックは回を重ねるごとに規模が拡大し、経済規模の大きい国、いわゆる世界でも先進国に位置づく国々でしか開

183

催できない状況となり、開催後の財政の圧迫などの問題が露呈しはじめてきた。2024年以降開催予定のオリンピックは、財政問題やオリンピック開催に対する国民の反対などを理由に開催立候補を取りやめる都市が相次ぎ、開催地が無投票で決まるといった事態が生じている。また、過度な選手強化策から国家が主導するドーピング問題の表面化は、スポーツの危機といえ、オリンピックは大きな岐路に立っているといえる。

　岐路に立つオリンピックに対して私たちは、どのように受け止め今後継承していくか、スポーツ政策において重要な政策課題として位置づくオリンピックのあり方についての検討が求められている。

（2）日本で開催されたオリンピック

　日本で開催されたオリンピックは、1964年東京オリンピック、1972年札幌オリンピックと1998年長野オリンピックの夏季・冬季合わせて3回である。2020年東京オリンピック開催が決定している中、4回以上のオリンピックを開催する国はわが国を含め、アメリカ、フランス、ドイツの4ヶ国しか存在しない。このようなことからわが国は、オリンピック開催常連国といっても過言ではない。現在、2020年のオリンピック開催に向けてオリンピック開催を通じたレガシーを如何にして後世に継承していくかが議論されている。このことから、これからのオリンピックを考える上で、過去わが国で開催されたオリンピックは、社会にどのような影響を与えたか整理してみる。

　1964年アジア地域で初のオリンピックが東京で開催された。実は1936年のIOC総会で1940年の第12回東京夏季大会と第5回札幌冬季大会を開催することが決定していたが戦争の影響から大会開催を返上し、幻の大会となっていた。

　1964年の東京夏季大会は、まさに戦後復興を遂げた日本・東京をアピールするものであった。また、東京夏季大会の開催は、羽田空港の拡張、首都高速・地下鉄・東海道新幹線など社会インフラの整備に大きく貢献したといえる。

第6章　スポーツ政策課題

　東京夏季大会の開催を控え、わが国で国民に広くスポーツを普及する
目的から 1960 年には「スポーツ振興法」が制定された。このスポーツ
振興法を根拠に国民へのスポーツ活動の推進や、スポーツ施設の建設整
備が図られるようになった。1964 年東京夏季大会は、社会インフラの
整備やわが国のスポーツ環境整備に大きく貢献した大会であった。

　1940 年に開催されるはずであった札幌冬季大会は、1966 年に開催さ
れた第 64 回 IOC 総会において 1972 年に開催されることが正式に決定
された。札幌冬季大会は、1964 年東京夏季大会同様に、アジア初の冬
季大会開催となった。札幌冬季五輪開催にむけ、東京夏季五輪同様に札
幌の街の再整備が行われた。開催を契機に地下鉄の交通インフラが整備
され、都市機能の向上が図られた。

　札幌冬季五輪では、ジャンプ競技 70m 級において日本人選手がメダ
ルを独占する活躍をし、彼らは「日の丸飛行隊」の愛称で呼ばれ多くの
国民を熱狂させた。札幌冬季五輪での日本の金メダルの獲得は、このジャ
ンプ競技にとどまったが、国民にウィンタースポーツが浸透するきっか
けとなり、後のスキーブームに大きな影響を与えた。

　札幌冬季五輪から 26 年後の 1998 年には長野で 2 回目となる冬季五輪
が開催された。この時期わが国は、バブル経済が崩壊し平成不況と呼ば
れる中での長野冬季五輪開催となった。このことから長野冬季五輪の開
催に疑問を抱く国民も多く存在した。また、世界的に環境問題に対する
議論が活発化する中、ウィンタースポーツは、森林を伐採して会場設営
を行う事から、自然保護団体や市民活動の反対運動を受けることとなっ
た。これと同時に多額の会場設営費を投入する中で、長野冬季五輪閉会
後の施設維持についても大きな社会問題となった。

　一方、学校教育現場では、長野市小中学校を中心に「一校一国運動」
を実施し長野冬季五輪に参加する国々の文化について学習し、国際相互
理解に務めた。この活動は、その後開催される開催国でも継承され、オ
リンピックを通した教育活動として評価されることにもなった。

　長野オリンピック大会は、国民のスポーツの振興や社会インフラ整備

185

等に大きく貢献した東京・札幌大会とは異なり、施設整備に対する問題や参加国をどのように受け入れるかなど、国民が大きく関心と疑問を抱くオリンピック大会であったといえる。

（3）アジェンダ 2020 の提言

クーベルタン男爵が近代オリンピックの開催を提唱してから 120 年が経過し、この間スポーツは世界共通の文化として位置づいてきた。各国はオリンピックに参加する為に選手の強化や自国のスポーツ環境の整備など、スポーツの振興を図ってきた。また、オリンピックを開催してきた国々では、開催都市の都市機能の向上や経済の活性化など、複合的な要因で都市の成長を図ってきた。

しかしながら、近年では開催経費の高騰や勝利至上主義のもとでの組織的ドーピングの問題など、オリンピックそのものが岐路に立たされている。このような背景から IOC は、2014 年に「アジェンダ 2020」を採択し、持続可能なオリンピック開催を模索し始めた。このアジェンダ 2020 は、40 項目から構成されている（表7）。

アジェンダ 2020 によって、オリンピックを複数都市、複数国・地域で開催できることが可能となることから、開催都市に大きな負担が生じる問題は解消されるとされている。例えば、東南アジア諸国では、2 年に一度 SEA Games（東南アジアスポーツ競技会）が開催されこの大会によって東南アジア諸国のスポーツ施設のインフラが整備されてきた。東南アジア諸国は、開発途上国の国々が多く存在し、オリンピックを 1 国で開催することは財政的側面から厳しい状況であるが、東南アジア諸国共同開催ということが可能となれば、この地域で初のオリンピックの開催が可能となる。これまで、先進国と呼ばれる国々を中心にオリンピックが開催されてきたが、アジェンダ 2020 においてこれら開発途上国での、開催の間口が広がったことになる。

アジェンダ 2020 では、開催都市の条件の柔軟性が図られたほか、競技種目の拡大も可能となった。これまで、オリンピックの開催競技・種

目は、28 競技の上限が設けられていたが、参加選手を 1 万 500 人に抑える中で、約 310 種目の競技・種目の開催が可能となった。オリンピックの拡大は、オリンピックで開催される種目の発展にも繋がってきたといえる。一方で、各国で実施されている選手強化策は、オリンピックで開催される種目に集中し、競技人口の格差を生んできた。これは自国のスポーツの発展を阻害してきたともいえる。他方で、これまで開催国や開催地域で培われてきたスポーツ種目の開催が可能となり、開催国の従来のスポーツ振興に繋がるともいえる。

（4）近代オリンピックのこれから

　公益財団法人日本陸上競技連盟が発表した「JAAFVISON2017」の中では、2040 年の社会を以下の様に見据えている。

2040 年の世界
1）人口が 1 億人に減少し、少子高齢化が更に進んでいる。
2）予防医療、再生医療の進歩によって、寿命がさらに延びるが、医療費の負担が大きな社会問題となっている。
3）仮想、拡張現実の技術の進歩によって、疑似体験の幅が広がる。
4）ICT の進化によって、多くのものが高い精度で予想可能となる。
5）多様な価値観が存在するようになる。
（公益財団法人日本陸上競技連盟：JAAFVISON2017）

　これからの社会は、AI(Artificial Intelligence: 人工知能) の発展や通信技術の向上により、これまでの社会とは別次元の変革が予想できる。
　私たちは、このような世界を見据え、近代オリンピックの果たす役割を模索する必要がある。ICT の進化で多くの事が高い精度で予想可能な社会は、競技スポーツにも大きな影響を及ぼすといえる。それは、選手の競技データの蓄積によって、メダル獲得可能選手を的確に示すこと

表7　オリンピック・ムーブメントの未来を形作る 20 ＋ 20 の提言

1	招待としての招致プロセスの形成
2	主な機会とリスク評価による候補都市の審査
3	招致費用の削減
4	オリンピック競技大会のすべての側面での持続可能性の導入
5	オリンピックムーブメントの日常的な業務での持続可能性の導入
6	他のスポーツイベントの主催者との緊密な協力関係
7	さまざまな能力を持つ人々に対するスポーツ運営組織との関係強化
8	プロリーグとの関係構築
9	オリンピック・プログラムのための枠組み設定
10	競技に基づくプログラムから、種目に基づくプログラムへの移行
11	男女平等の推進
12	オリンピック競技大会の開催費用の削減および運営の柔軟性強化
13	オリンピックムーブメント関係者との相乗効果の最大化
14	オリンピズムの根本原則
15	クリーンな選手を守るための理念の変更
16	クリーンな選手を守るため
17	クリーンな選手への称賛
18	選手への支援強化
19	オリンピック・チャンネルの創設
20	戦略的パートナーシップの締結
21	IOC の主張力強化
22	オリンピックの価値に基づく教育の普及
23	コミュニティーとの交流
24	Sports for Hope プログラムの評価
25	ユースオリンピック競技大会の位置づけの見直し
26	スポーツと文化の融合の促進
27	良好な統治の基本原則の遵守
28	自律への支援
29	透明性の向上
30	IOC 倫理委員会の独立性の強化
31	コンプライアンスの徹底
32	倫理の強化
33	「Olympism in Action」プログラムにおけるスポンサーの関与拡大
34	グローバルな許諾プログラムの展開
35	トップスポンサーと NOC との交流促進
36	非営利目的でのオリンピック・ブランドの利用拡大
37	IOC 委員の年齢制限に関する取り組み
38	対象者を絞った人材探求プロセスの実現
39	社会との対話およびオリンピックムーブメント内の対話の促進
40	IOC 専門委員会の範囲と構成の見直し

（公益財団法人日本オリンピック委員会オリンピック・アジェンダ 2020 日本語を参照）

ができ、選手強化に関わる予算を集中することで予算の削減に繋がる一方、競技を実施する前に競技の勝敗がわかってしまうことから、世界中から選手が一堂に会して競技を実施する意味が問われてくる。

　多様な価値観の存在はこれからの社会において重要なテーマである。現代社会では、性や障がいに対する幅広い理解が求められる社会となってきている。しかしながら、スポーツとりわけオリンピックで繰り広げられる競技スポーツの世界では、性別や障害の程度といった基準で競技が行われている。現代社会からオリンピックを見たときに、とても閉鎖的な社会に映ってしまう。

　近代オリンピックは、私たちの生活にスポーツを文化として定着させた一方で、社会の発展にも大きく貢献してきた。しかしながら、「アジェンダ 2020」が策定されたように、オリンピックには大きな変革が求められている。社会の変革や技術革新によってスポーツのあり方も大きく変化する中で、4年に一度世界中のアスリートが一同に集結しスポーツ大会を実施することの意味を今一度、私たちは考え直す必要があるといえる。それは、スポーツ政策においてオリンピックでのメダル獲得を目標に選手強化を多額の税金を投入して行っている以上、私たちは、納税者に対してオリンピックの価値を適切に伝える必要があるからである。

17. 政策手段としての伝統スポーツの取り扱い

（1）はじめに

　私たちがスポーツを学ぶ中で、スポーツ種目を包含する形で○○スポーツと称して表現することがある。スポーツには、18世紀後半から欧米諸国で誕生した私たちにとって最も身近な「近代スポーツ」、それに対して国家または地域に古くから伝承されている「伝統スポーツ」、競技性の高くないスポーツで幅広い年代が一緒になって楽しむことのできる「ニュースポーツ」、近年では、バーチャル空間で繰り広げられる「Eスポーツ」などがあげられる。

　世界中には伝統スポーツが多く存在し、今なお、国家またはその地域で脈々と受け継がれてきている。今日グローバル化する世界の中で、スポーツは世界共通の文化として位置づくといわれるが、ここでいうスポーツは「近代スポーツ」のことを意味している。世界共通の文化となった「近代スポーツ」は、人々とのコミュニケーションツールとして機能したり、また開発途上国における国際協力の手段、オリンピック大会では、メダル獲得数からみる国力を図る手段として多岐にわたって役割が付与されてきた。

　わが国において武道の中に位置づく柔道がオリンピック種目に採用されることによって「近代スポーツ化」した事例もあるが、一方で「近代スポーツ化」されず、その国で今なお、伝統スポーツとして位置づくものも存在している。これら「伝統スポーツ」は、客を呼び込む観光の手段として存在しているものや、その地域のシンボルとして伝統行事の一部として引き継がれているスポーツも存在している。

　ここでは、国家また地域に伝わる伝統スポーツが、政策手段としていかに扱われてきたか、また現代社会における伝統スポーツの役割について模索する。

（2）観光政策の中の伝統スポーツ

　訪日外国人を多く呼び込むことは、わが国の経済成長に大きく貢献することから平成21年から国は観光庁を中心に「観光立国」を打ち出し、観光産業の活性化が図られている。

　伝統スポーツは、現在のスポーツの基礎となる一方で、その国の政策手段として大きな役割を担ってきている。わが国で伝統スポーツにあたるものを「武道」とするなら、この武道のひとつである相撲は外国人からも人気のスポーツである。「相撲」はわが国において古来より脈々と伝わる伝統スポーツであり、年に6回開催される本場所で繰り広げられる取組（試合）は日本国民の大きな関心ごとでもある。また、「相撲」という日本の伝統スポーツは広く海外にも知れ渡り、相撲観戦が訪日目的の一つともなっている。本来、「相撲」は、五穀豊穣を願う祭礼行事として行われてきたものが、時代とともに、メディアスポーツとしての価値を高めながらも、これまでの伝統様式を残しながら支持されてきたスポーツといえる。

　東南アジア諸国に位置するタイ王国では、古くからタイ全土で、その土地に由来する伝統スポーツが多く存在している。また、民族を中心に文化の形成を図ってきたことから、国境線付近の地域では、服装や食べ物、言語といった文化が類似していることが多くみられる。1994年の広島アジア大会で正式種目となった「セパタクロー」というスポーツは、マレーシアの伝統スポーツである「セパラガ」とタイの「タクロー」から由来し、発展してきたスポーツである。

　またタイ王国の代表的な伝統スポーツに「ムエタイ」がある。この「ムエタイ」は、アユタヤ王朝時代に自己防衛と戦闘に用いて行われたことが始まりとされている。また、ムエタイは、国家行事や地方行事において祝賀の重要なイベントとしても行われ、儀礼的要素を様式とするスポーツである。祭礼行事として行われてきたムエタイは、タイ国内で独自に競技化が進み、スポーツとしての発展を遂げた。もともとムエタイ

は、ボクシング競技に類似した、戦闘技術の一種である。ムエタイの選手は、ボクシング競技での活躍が目立つことから、世界的に注目を浴びるきっかけとなった。また近年のオリンピックでのタイ王国が獲得するメダルは、ボクシング競技が中心である。

　ムエタイは、タイ王国の「国家スポーツ発展計画」において国家政策として推進されており、ムエタイをオリンピック種目として位置づけるべく、世界での競技拡大を図っている。

　タイ王国の観光産業は、国家の重要な政策の柱でもある。近年このムエタイは、観光資源化され、タイ王国を訪れる外国人からの重要な収入源となっている。これまで、ムエタイの試合はギャンブルの対象となり、ムエタイが行わるスタジアムは非常に治安の悪い場所であった。しかし、スタジアムへの入場料を高くすることにより、一般市民の入場を抑制し、治安の悪化を防ぎ、観光客が安心して訪れることのできる場所として再整備をおこなった。このことは、ムエタイ観戦を行う外国人にとっては、ムエタイを通してタイ王国の伝統文化を理解することになったが、入場料の高騰によりスタジアムに足を運ぶことが出来なくなったタイ国民にとっては、国家がタイ国民から伝統スポーツを遠ざけたことにもなった。

　タイ王国でのムエタイの事例は、伝統スポーツを近代スポーツへと変える過程において、国家の意思が関与していることが分かる。この過程は、伝統スポーツが近代スポーツへと変遷する過程であるが、また新たな伝統が創出される過程といえなくはない。

（3）教育政策にみる伝統スポーツの取り扱い

　わが国では、伝統的に武道が盛んに行われてきた。これは、12世紀末の武士階級の影響によるもので、武士はその技術を磨くために、剣術・居合術・柔術・弓術などの武道を訓練として行ってきた。近代化の中で、戦争で使用する兵器も近代化し、これまでの武士は兵士となり、戦争での戦術も近代兵器を使用する方法が求められることから武道の役割が大きく変化してきた。とりわけ武道の精神性への評価は武道の教育現場へ

192

の導入を図り、広く国民が行うものとなった。

日本に古くから伝わる柔術を新たな形に変え、1882年（明治15年）に嘉納治五郎が東京の永昌寺で指導を開始したのが柔道の始まりであった。

嘉納治五郎が創始した柔道は、柔道を通しての日本国民の教育が目的であったとされる。その後柔道は、大正14年の中学校令施行規則の改正で、学校体育の教材として用いることが可能となり、昭和6年には柔道が学校体育で必修となった。これまで学校体育での柔道は、心身鍛錬や精神訓練といった教育目標が課せられていたが、昭和6年の必修化にともない、質実剛健なる国民精神の涵養といった教育的目標が課せられた。当時、軍国主義に進む日本において、富国強兵を推し進める国家政策と柔道の特質が一致し、強い兵士の養成手段として有用であった。第二次世界大戦後は、柔道を始めとする武道が強く軍国主義の伸長につながったとし、1945年にGHQは「武道禁止令（1945〜1950年）」を発令し、学校での武道の実施を禁じた。このように、わが国が敗戦するまでの間、軍国主義と結びつき、軍国主義体制の維持・助長に貢献する役割を果たした。

GHQによって武道が禁止される中、「武道」は「スポーツ化」を図ることによって国内における武道の普及をはかっていった。この「スポーツ化」によって今日の柔道は、広く世界でも行われる競技と発展していった。GHQの「武道禁止令」こそが、軍国主義体制の維持・助長に貢献した武道を、スポーツ化へと変化、発展を遂げさせた分岐点であったといえる。

武道のスポーツ化が行われる中、柔道・剣道・相撲が「格技」という名称で中学校学習指導要領に1958年に再び加わることになった。その後、2008年の中学校学習指導要領の改訂において、中学校保健体育で武道が必修化となった。とりわけ武道については、「柔道」「剣道」が教材として用いられている。学習指導要領では、武道をわが国固有の文化として、授業を通して伝統的な考え方を理解し、相手を尊重することを

目的としている。このことから、武道を通じてわが国が目指す日本人の
あり方がうかがえる。

　政策手段としてスポーツを見た時に、生涯スポーツ社会実現にむけた
スポーツ政策の中では伝統スポーツも近代スポーツという大きな枠組み
の中で扱われる。しかし観光政策や教育政策における伝統スポーツは、
わが国の固有の文化や伝統的な考え方を理解する装置として近代スポー
ツとは異なる価値をもつスポーツとして機能している。

第 6 章　スポーツ政策課題

18.　スポーツとギャンブル

（1）はじめに

　ギャンブルまたは賭博（本項では、ギャンブルと賭博の語は同義語として扱い、以下、ギャンブルと表記する）に対するイメージは様々であるが、近代ヨーロッパは言うに及ばず今日においてギャンブルの対象とされているスポーツは数多く存在する。

　ギャンブルの歴史は非常に古く、人類が文明を持った時から行われている。また、古代オリンピックで繰り広げられた競技を対象にギャンブルが行われてきたとされている。私たちはよく「ブックメーカー（bookmaker）」という言葉を耳にするが、これは賭け屋を意味する言葉である。このブックメーカーは、各国で扱いが異なり、法律で認められているものもあれば、非合法として扱われるものもある。ブックメーカーは、18 世紀後半イギリスのニューマケット競馬場で始まったのが最初であったが、1960 年に政府によりギャンブルが公認された。世界的に見ればスポーツとギャンブルの関係は親和性が高い。なぜならギャンブルそのものを遊戯として楽しむ考え方があり、試合がギャンブルの対象となっていることから自ずとスポーツ観戦が盛り上がることにある。タイ王国では、伝統スポーツであるムエタイという競技がある。ムエタイはタイ王国の観光資源として多くの外国人の集客を目的とする一方、タイ人にとっては、ムエタイがギャンブルとして興業されている。このギャンブルは非合法で、ムエタイ会場でのみギャンブルを行う事ができるため、多くのタイ人がスタジアムに足を運び会場は外国人とタイ人で常に溢れている。

　わが国でも、ヨーロッパ諸国同様に国民の間でギャンブルが行われてきた。とりわけ競馬は、祭典行事として古くから行われ、明治 39 年に東京競馬会を発足し、政府非公認の中で馬券の販売を行いギャンブルを行ってきた。ギャンブルがきっかけとなり新たな人々が競馬を楽しむこ

195

ととなった。その後、大正 12 年に競馬法が制定され、馬券の販売が正式に公認された。これは、ギャンブルの拡大によってスポーツ（競馬）を楽しむ人々が拡大した事例であるといえる。

　現在わが国ではギャンブルを、国民の勤労意欲の喪失、金銭のトラブルを発生させることから刑法 185 条によって禁止している。しかし、特定の目的を達成するために健全な娯楽の範囲内で弊害をできるだけ除去することを前提に一部のスポーツを対象に公認している。歴史的に見て、スポーツとギャンブルはきっても切り離せない存在であり、甲子園野球（高校野球）といった国家が公認しない、スポーツをギャンブルの対象とし、それが反社会勢力への資金源になっているといった社会問題も有している。また、ギャンブルをめぐる議論は、国民の意見を二分する大きな問題であり、カジノ解禁はギャンブルの対象となるスポーツの拡大を誘発することも考えられる。現在、わが国のスポーツの財源は「スポーツ振興くじ（toto)」の収益によるところが大きい。わが国のスポーツ振興は、ギャンブルで得た収益が財源となっていることからこのスポーツとギャンブルについて、スポーツに携わる私たちは、深く考える必要がある。

（2）スポーツ振興に欠かせないギャンブル

　わが国では、ギャンブル行為は刑法によって禁じられているが、特例をもって公認されている。スポーツを対象としたギャンブルは、競馬、モーターボート、自転車、オートバイク、サッカーである。ではなぜ、これらのスポーツが特例としてギャンブルの対象となったのか、根拠となる法律から、その目的を見ることができる。

　これら関連法を見てみると、様々な目的があるものの競馬、競艇、競輪、オートレースは、これらの法律の制定された年を見ても、戦後間もないことから、疲弊した日本の財源確保に大きく貢献してきたことがわかる。とりわけ財政規模の大きい競馬では、競馬を管轄する組織が「日本中央競馬会（JRA)」と「各地方競馬」に分かれており、「中央競馬会」

第6章　スポーツ政策課題

表8　スポーツを対象としたギャンブルの根拠法

1	競馬法	昭和23年	この法律は、馬の改良増殖その他家畜の振興に寄付するとともに、地方財政の改善を図るために行う競馬に関するものとする。
2	自転車競技法	昭和23年	都道府県及び人口、財政等を勘案して総務大臣が指定する市町村（以下「指定市町村」という。）は、自転車その他の機械の改良及び輸出の振興、機械工業の合理化並びに体育事業その他の公益の増進を目的とする事業の振興に寄与するとともに、地方財政の健全化を図るため、この法律により、自転車競走を行うことができる。
3	小型自動車競走法	昭和25年	この法律は、小型自動車その他の機械の改良及び輸出の振興、機械工業の合理化並びに体育事業その他の公益の増進を目的とする事業の振興に寄与するとともに、地方財政の健全化を図るために行う小型自動車競走に関し規定するものとする。
4	モーターボート競走法	昭和26年	この法律は、モーターボートその他船舶、船舶用機関及び船舶用品の改良及び輸出の進行並びにこれらの製造に関する事業及び海難防止に関する事業その他の海事に関する事業の振興に寄与することにより海に囲まれた我が国の発展に資し、あわせた観光に関する事業及び体育事業その他の公益の増進を目的とする事業の振興に資するとともに、地方財政の改善をはかるために行うモーターボート競走に関し規定するものとする。
5	スポーツ振興投票の実施等に関する法律	平成10年	この法律は、スポーツの振興のために必要な資金を得るため、スポーツ振興投票の実施等に関する事項を定め、もってスポーツの振興に寄与することを目的とする。

が管理するレースで発生した余剰金は、「国庫納付金」として国の一般
会計に組み込まれ、わが国の財源となる。また地方競馬主催のレースで
発生した余剰金は、地方公共団体金融機構と地方競馬主催者の一般会計
へと組み込まれ、地方債の利息軽減や、畜産の振興、スポーツの振興、
災害の復旧費など、様々な財政的貢献が見られる。競馬で得た収益の一
部はスポーツ振興の財源となるものの、スポーツ振興のための財源とし
ては十分でなかった。その理由は、実施する目的がスポーツ振興ではな
く、監督官庁がスポーツを所管する文部科学省でなかったからに他なら
ない。競馬は農林水産省、競艇は国土交通省、競輪・オートレースは経
済産業省が監督官庁として位置づいている（表8）。このような状況の
中で、スポーツ振興の財源を確保するために、スポーツを所管する文部
科学省の直接的な財源確保が必要となった。

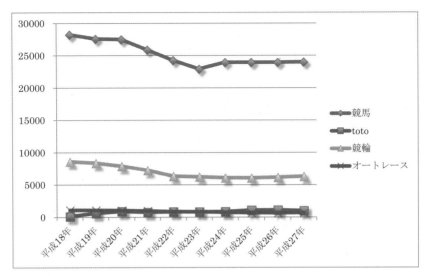

図28 スポーツを対象とした公営ギャンブルの売り上げの推移
JRA　経済産業省製造産業局　日本スポーツ振興センター　資料をもとに作成

　わが国のスポーツ振興に関わる財源を確保するために、平成10年に制定されたスポーツ振興投票の実施等に関する法律が制定された。スポーツ振興くじ（toto）は、日本スポーツ振興センターが法律上管理する団体として位置づいている。このtotoは、自らがサッカーの勝敗を予想しくじを購入する方法とコンピューターが試合結果を予想したくじ（toto BIG）を購入する方法にわかれる。予想が的中すると最大で10億円もの金額を得ることができる。競馬や競輪などと比べて1回に得ることができる当選金としては、非常に高額であるといえる。toto BIGはコンピューターが予想したくじを購入することから宝くじに近い存在でもある。しかし、高額な当選金額からtotoはギャンブル性の高いものであるといえる。
　スポーツ振興くじで得た収益は、日本スポーツ振興センターを通じて「スポーツ振興くじ助成」、「スポーツ振興基金助成」、「競技強化支援事業助成」とスポーツ全般にわたってスポーツ支援を実施している。現在、スポーツ振興くじの収益は、オートレースの収益を凌ぐものの、競馬、

第6章　スポーツ政策課題

競輪には及ばないのが現状である。

　わが国の財政状況を見れば、いかに国民から多くの財源を確保する（税収をあげる）かが課題といえよう。また、安定的な財源確保も財政政策において重要な課題の一つである。これまで見てきたように、国が管理する中でスポーツを対象としたギャンブルを実施し、そこで得た余剰金を地方財政の財源やスポーツ振興への財源等に充当してきたことから、わが国の財政政策に大きく貢献してきたといえる。ギャンブルは刑法で禁じられている通り、時として私たちの生活を破滅に追いやる危険性を持っている。現在、国会ではIR法の制定に関する議論が集中しているが、その中でもギャンブル依存症への対策が問題とされている。

　政策を実施するための財源を確保するために、わが国では国家が管理する形でギャンブルを実施してきた。ギャンブルで得た財源は、スポーツの推進に大きく貢献する一方、ギャンブル依存で苦しむ国民を生む可能性をはらんでいる。財源確保を図る為にはくじの売り上げを伸ばすことが求められるが、くじの売り上げを拡大することは、ギャンブル依存者を増やすことにもつながる。わが国のスポーツ推進に関わる予算をみたときスポーツとギャンブルは切っても切り離せない問題であり、スポーツの振興のありかた全体を考える問題であるといえる。ギャンブル以外の財源確保が見当たらない限り、スポーツ推進の基盤はギャンブルから成り立つ事になる。

199

19. スポーツの広がりとライセンス（資格）

　現在、スポーツに限らず、多くの業界や団体が資格制度を創設し、多種多様な資格が乱立しているのが現状である。そもそも資格とは、「一定のことを行うために必要とされる条件や能力」と定義されている。

　日本の資格制度については、認定主体別に見てみると、国家資格、公的資格、民間資格に分かれている。国家資格とは、「国が根拠法によりその取得要件等を定め、国が有資格者に対し何らかの権限の保有を認めている資格」（河野、2008）のことであり、活動への従事、配置義務、名称使用などの権限を認めている[1]。また公的資格とは、民間団体が行っている技能審査事業（資格事業）の中で、各省庁が社会的に奨励すべきものとして認定した資格を指す（民間技能審査事業認定制度）。この制度によって認められた資格は、「〇〇大臣認定」の表示が可能となり、国家資格に準じた資格として認められていた。しかし、2005年度をもって、この制度は廃止され、省庁の通達に基づく準公的な位置付けを与えられた資格として、「〇〇省後援」を表示するようになった。さらに民間資格とは、法的根拠を持たないもので行政の規制もなく、様々な団体や企業がそれぞれの裁量に基づいて任意に付与する資格を指す。つまり、前述した資格の定義から考えると、能力向上の目的であるといえる（河野、2008）。

　このような中で、運動・スポーツ・健康づくりに関する資格も乱立している。運動・スポーツ・健康づくりに関する資格について、健康・体力づくり事業財団(2017)の分類を基に論じていく。まず国家資格として、厚生労働省関連では「理学療法士」「柔道整復師」「はり師」「きゅう師」「あん摩マッサージ指圧師」、文部科学省関連では教員免許（中学校高等学校保健体育、小学校、幼稚園）、などが挙げられる。次に公的資格として、日本スポーツ協会、日本レクリエーション協会、健康・体力づくり事業財団などの主にスポーツ指導や健康づくりのための運動指導に関わる資格が挙げられる。

第6章　スポーツ政策課題

　民間資格は、フィットネス・種目横断系、フィットネス・単一種目系、海外系、学術学会、研究所等により設置している資格・称号・認定、各自治体内において独自に養成している資格・ボランティア、その他に分類される。「クラブマネジャー」などのマネジメントに関する資格や栄養やシューズなどに対するアドバイザーの資格なども一部あるが、ほとんどが運動・スポーツ・健康づくりの指導者資格である。

　このような運動・スポーツ・健康づくりに関する資格制度について、主に大学生の視点から考えてみることとする。

　まず、資格の有用性の問題が挙げられる。資格事業を行っている団体・企業は自らの資格がどのような意義があり、他の資格とどのように異なるのかを認識しているはずだが、資格を取得しようと考えている者の視点から見てみると、同じような資格に見えてしまったり、内容が一部重複しているように見えてしまったりすることがある。つまり、資格の取得者という視点からは、運動・スポーツ・健康づくりに関する資格が複雑かつ選択困難なものであるといえる。特に社会経験が少ない大学生にとってはどれを取得したらよいか判断に迷うのである。

　次に資格の効用が挙げられる。資格の効用は、「入口」としての効用と「出口」としての効用がある。「入口」の効用とは、能力や品質の証明書としての資格に着目することであり、企業や団体が合理的・効率的に良い人材を確保する際の有力な指標の1つとなりうる。つまり、各々の業界で活動する、就職するための効用である。一方、「出口」の効用とは、教育や訓練の結果としての資格に着目することであり、自らのスキルや能力の向上を証明する際の有力な指標の1つとなりうる。つまり、各々の業界で活動している人がステップアップするための効用である。現在の運動・スポーツ・健康づくりに関するそれぞれの資格がどちらに分類されるのかといったら、圧倒的に「出口」に分類されるといえる。逆に考えると、取得していなければ就職や活動ができないという資格はほとんどないということである。公的資格であっても、「入口」としての効用はなく、「出口」の意味合いが強いのが現状である（阿形、2010）。

201

従って、現在の運動・スポーツ・健康づくりに関する資格は、運動・スポーツ・健康づくりに関する分野で活動している人がステップアップのために取得するのに最も有効性を発揮するものがほとんどであるといえる。

　さらにスポーツの広がりへの対応の問題が挙げられる。スポーツは現在、サッカーやバレーボール、バスケットボールなどに代表されるような従来のスポーツ種目に加えて、ボルダリングやスポーツ鬼ごっこ[2]など、多種多様な種目がスポーツとして認知されるようなり、トレーニングに関する理論や方法も開発・進展している。一方で、スポーツは現在、健康や教育といった従来の枠組みを超えて、産業、国際協力、観光、まちづくり、などに活用されるようになった。つまり、スポーツは縦（種目や方法）にも横（他分野）にも大きな広がりを見せているといえる。

　これに対し、資格がどのように変化しているかというと、スポーツの縦の広がりには指導者資格やトレーナー資格が創設され、対応しているといえるが、スポーツと観光、スポーツと国際協力、スポーツとまちづくり、などに関する資格は創設されておらず、スポーツの横の広がりには対応できていない。

　従って、これまでスポーツの仕事は教員やインストラクターなどの指導者であったため、資格制度とマッチングしていたが、現在スポーツが様々な分野で活用されるようになった中で、スポーツの仕事と資格制度がマッチングできない職域が現れてきた。

　では、このような問題に対してどのような対応をするべきなのであろうか。スポーツと観光、スポーツと国際協力、スポーツとまちづくり、などに関する「入口」の資格を創設することが考えられるが、これは現実的とはいえない。

　ここでは体育学やスポーツ科学を専門とする学部・学科で学んでいるある学生を事例として考えてみる。その学生はスポーツツーリズムに関する仕事に就きたいと考えているが、もちろんスポーツツーリズムに関する資格は存在しない。しかし、就職するためには何か資格は取得して

いた方が良いと考えている。このような場合、どうすればいいのだろう
か。

　学生時代に取得できる資格は何もスポーツの分野だけではないのであ
るから、他の分野、この場合は観光に関する資格を取得することも可能
である。スポーツツーリズムと言っても、基本は観光や旅行に関する知
識が求められる。観光や旅行に関する能力や品質の証明書としての「入
口」の資格を取得することが必要である。具体的には、「総合旅行業務
取扱管理者」「国内旅行業務取扱管理者」を取得することが考えられる。
ではスポーツに関する知識はどのように担保・アピールすればよいので
あろうか。それはまさしく、体育学やスポーツ科学の学位（学士）であ
る。4年間授業で学んできた内容こそが、社会に対してスポーツに関す
る知識があることを示すものであるといえる。さらに専門的内容を学び
たいのであれば、スポーツツーリズムに関する卒業論文を執筆すれば良
いのである。

　しかしながらここで大きな問題がある。それは大学の授業カリキュラ
ムである。現在の体育学やスポーツ科学を専門とする学部・学科のカリ
キュラムは、運動・スポーツ・健康づくりに関する資格と同様に、指導
者養成が大きな骨格となっている。またそれぞれの資格を取得するのに
必要な授業内容でカリキュラムが構成されている。つまり、スポーツの
横の広がりに対応するような授業カリキュラムを構成できていないのが
現状である。

　今後、社会におけるスポーツの役割がさらに拡大していくことが予想
される中で、体育学やスポーツ科学を専門とする学部・学科がどのよう
な人材を輩出するべきであり、それに対してどのようなカリキュラムを
構築するか、社会から問われてくるのではないだろうか。

【注記】
　1）国家資格は、業務独占資格、必置資格、名称独占資格の3種類に
分類されている。総務庁（2000）によると、業務独占資格とは「その資

格を有する者でなければ一定の業務活動に従事できない資格」、必置資格とは「業務独占資格以外のもので、一定の事業現場などにおいて、その資格を有する者のうちから管理監督者などとして配置することが（選任することが）義務づけられている資格」、名称独占資格とは「上記資格以外で、その資格を有するものでなければ、一定の名称・称号を用いることができない資格、又は単に専門的知識・技能を有する旨を公証する資格」を指す。

　総務庁（2000）「規制行政に関する調査結果報告書：資格制度等」

　2）スポーツ鬼ごっことは、鬼ごっこにゲーム性や戦略性を加えて、競技化したスポーツである。2019年に茨城県で開催される『いきいき茨城ゆめ国体2019（国民体育大会）』で、つくば市開催のデモンストレーションスポーツに採用されている。

　一般社団法人日本鬼ごっこ協会ウェブサイト　　http://www.onigokko.or.jp/index.html

第6章　スポーツ政策課題

20．スポーツに関連する職業

（1）はじめに

　スポーツに関わる職業は、これまでは保健体育教員が主であった。体育・教育系の大学・学部では、保健体育教員の養成を主たる目的として人材育成が行われてきた。今日では、健康づくりに携わる人材、地域でのスポーツ指導者、プロチームでのコーチ、インストラクター、トレーナーなど、スポーツに関連する職業が増大し、体育・教育系の大学・学部においても多様な人材を育成するようになってきた。また、これらの職域の人材は、大学のみならず専門学校においても養成されてきた。一方、現代社会の変化に伴い、スポーツへの役割と期待は大きなものとなってきている。スポーツの役割は、子どもの健全育成の為の教育手段や、スポーツ活動による健康維持増進、あるいは総合型地域スポーツクラブを中心とした地域のコミュニティ形成や海外でスポーツを指導することによる地域開発並びに国家の友好関係構築など多岐にわたっている。

　社会におけるスポーツの役割が拡大する一方で、これまでのスポーツ環境が維持できなくなってきている。これまでスポーツ活動の根幹を担ってきた保健体育教員の過酷な労働環境から運動部活動の指導ができず、運動部活動の衰退が生じていることも一因といわれている。このように、運動部活動の指導をめぐる問題から、子ども達のスポーツ活動のシステムを見直す必要に迫られているといえる。この様に、スポーツへの期待により職業の拡大が図られる一方で、職業環境の問題が顕在化し解決されずにいるのも事実である。

　ここでは、スポーツの広がりにともなうスポーツに関連した職業を紹介していく。その中で、現代社会で求められていることがらや、社会の中で検討しなければならないことについてみていく。

205

（2）子どものスポーツ活動を支える職業

　わが国では、子どもの体力の向上やスポーツ機会の拡充は重要政策の一つとして位置づけられている。子どもの成長段階に応じたスポーツ活動の実践は、体力の向上のみならず、人間形成においても非常に重要な役割をもっている。これは、障がいをもった子どもにもおいても同様であり、障がいをもったこども達のスポーツ機会や環境整備を図ることは重要であり、指導者の役割も大きなもといえる。また、インターネットやスマートフォンの普及により、人々とのコミュニケーションの在り方が大きく変化する中で、人間関係構築を図るためのコミュニケーションツールとしてのスポーツ活動を通した取り組みが重要視されている。

「保健体育教員・運動部活動顧問教員」
　学校教育現場における体育教員や学校運動部活動における顧問教員は、子どものスポーツ活動に大きな影響を与える存在である。
　子どもの体力低下に伴い、学校における体育授業の果たす役割は大きくなってきている。また、今日の体育教員は、課外活動である運動部活動の指導に当たる場合も多く、正課、課外において子どもの体力向上に大きく貢献するとともに、生涯にわたって継続的にスポーツを実践できる基礎を築くという重要な役割を担っている。
　体育教員になるためには、文部科学省が認可する大学の教員養成課程で所定の単位を修得し教員免許「保健体育」を取得する必要がある。近年では、運動部活動の顧問教員の労働に対する多大な負担が社会問題となっており、教員の運動部活動への関わりが大きく変化しようとしている。

「障がいをもった子どもへのスポーツ指導者」
　スポーツ基本法に規定されているように、スポーツは世界共通の人類の文化であり、すべての人々に等しくスポーツをする機会が与えられて

第6章　スポーツ政策課題

いる。これは、障がいをもった人々も同じである。障がいをもった人々
のスポーツ活動はリハビリテーションとしての行為として捉えがちで
あったが、近年では、スポーツ活動そのものを楽しむ文化行為として評
価される傾向にある。また、パラリンピックの普及により障がいをもっ
た人々が競技スポーツとして打ち込める環境の整備の必要性について議
論がされるようになってきた。このような状況の中、スポーツ庁がおこ
なった調査において、7歳から19歳の障がいをもった子ども達のスポー
ツ状況をみると、障がいの状況にはよるが、水泳が盛んに行われている
現状にある。

　日本障がい者スポーツ協会では障がい者スポーツ指導者に対する資格
制度を整備している。障がい者スポーツ指導員は初級・中級・上級と分
類され、中級・上級の指導員には障がい者スポーツコーチ資格養成講習
会を受講でき、試験に合格すると資格が付与される。コーチ資格者は国
際大会でのコーチとして役割を果たすことができる。

「体験学習に携わる指導者」

　子どもを取り巻くスポーツ政策は、体力の向上に注視しがちであるが、
子どもの成長段階において様々な経験が求められている。様々な活動を
通して仲間との協力や成功体験、達成感を経験することは、子どもの成
長において重要な経験であるといえる。もちろんこれらの経験は、身近
なスポーツ活動でも可能であるが、スポーツ活動以外で体験学習を取り
入れる学校や自治体が増えてきている。

　現代社会において閉ざされた仲間の気持ちを解放し、お互いの「信頼
関係」を構築することを最も重要視するアドベンチャープログラムと
いった体験学習は、現代社会における人間関係の希薄化やコミュニケー
ション能力の低下としった問題解決の一助となり、今後重要な役割を
担っていくといえる。

　体験学習に携わる指導者になるためには、公益財団法人日本キャンプ
協会（以下、キャンプ協会）が発行する「キャンプ指導者資格」の資格

取得が考えられる。「キャンプ指導者資格」は、キャンプインストラクター、キャンプディレクター2級、キャンプディレクター1級と3つある。これらの資格は、キャンプ協会が主催する講習会で取得できる他、キャンプインストラクターの資格は家庭認定校に登録してある大学の実習で取得可能である。自らが主導的立場で野外活動に携わる為には、キャンプディレクター1級の資格取得が必要となってくる。

（3）地域活性化に貢献するスポーツ関連職業

　現在、わが国の社会構造をみてみると、急速な高齢化の進展を背景とし、人口の首都圏への集中による地方の衰退が危ぶまれ「地方消滅」といった社会問題を抱えている。このような問題を解決する為に2014年（平成26）第2次安倍改造内閣において、内閣府に地方創生担当相が設置され、地域の活性化が重点政策として位置づくようになった。このように現在の政策課題では、地方活性化が大きな焦点となっている。スポーツを通して地域活性化に関わるスポーツ関連職業として「総合型地域スポーツクラブ」と「スポーツツーリズム」が考えられる。総合型クラブは、幅広い世代のスポーツ活動の場としてはもちろん、地域コミュニティの中核組織として期待される。一方スポーツツーリズムは、地域の資源を生かしたスポーツを通した観光資源の開発であり、多くの観光客を呼び込み地域の活性化を図ることが期待される。

　「総合型地域スポーツクラブ」
　総合型地域スポーツクラブ（総合型クラブ）は、地域において公益性を有した組織として NPO(Non-profit Organization: 非営利団体) の法人格を取得して活動している。これは、1998年に特定非営利活動推進法が制定され、非営利団体が法人格を持つことが可能となったためである。
　総合型クラブは、地域住民に対して幅広いスポーツ機会を提供できるように活動が求められている。また、国際大会や全国大会に出場した選手や公益社団法人日本スポーツ協会（以下、日ス協）の「コーチ」資格

第6章　スポーツ政策課題

を有する者が、地域の選手育成に携わり競技力向上を図ることによって、ここで育成された選手がまた世界大会や全国大会で活躍し、また育った地域に戻り選手育成を行う、選手育成における好循環の創出もスポーツ振興の観点から期待されている。スポーツ活動の場としてはもちろん、地域住民のコミュニティ形成の拠点として、地域が抱える様々な課題の解決を図る役割も期待されている。

　以上のように総合型クラブは、この活動が円熟した時、地域の活性化が図られ、地域において重要な組織として位置づくと考えられる。このように総合型クラブはスポーツと地域をささえる重要な役割を担い、ここでの指導者は、スポーツの指導者にとどまらず地域コミュニティ再生のリーダーとしても期待されているといえよう。

　総合型クラブに携わる者は、日本スポーツ協会が発行する「アシスタントマネジャー」と「クラブマネジャー」の資格取得が求められる。「アシスタントマネジャー」は日本スポーツ協会が指定するカリキュラムを受講し、筆記試験を合格することで資格が取得できる。大学が認定校であれば、所定の講義を履修し単位を取得することによって、受験資格を得ることができる。一方、「クラブマネジャー」は、「アシスタントマネジャー」の資格を取得したものが受講条件となる。日ス協が主催する講習会を受講し、審査に合格すると資格が取得できる。

「スポーツツーリズム」

　わが国は観光立国を掲げる中、観光による地方活性化をひとつの振興策としている。観光庁は、2015年（平成23）に「スポーツツーリズム推進基本方針」を取りまとめ、スポーツ資源を活用し、国内観光振興および訪日外国人のインバウンド拡大を図り、地域の活性化に繋げている。このスポーツツーリズムの開発は、いかに地域が有している資源を有効活用できるかが重要となる。豊かな自然環境に立地しているのであれば、その資源を生かしたアウトドアスポーツの展開によるスポーツツーリズムの開発が期待できる。また、自然環境を有してなくても、市区町

村が有するスポーツ施設と宿泊業の協働によるスポーツ合宿地としての
スポーツツーリズムが可能であるといえる。

　スポーツツーリズムの開発によって多くの観光客を自治体に呼び込む
ことは、地域の活性化や経済効果に大きく貢献する一方、多くの観光客
が訪れることによる、弊害も検討しなければならない課題となる。多く
の人々が訪れることによる自然破壊や、地域住民への日常生活サービス
の低下など、地域住民の理解と協力がなければ、資源の活用とはいえな
い。

　スポーツツーリズムに携わる為には、観光に関わる知識が必要不可欠
となってくる。日本観光士会が発行する「観光プランナー」の資格の取
得が有効である。「観光プランナー」の資格は、通信講座を通して学習
し試験を受験する方法と研修会に参加し試験を受験する2つの方法で資
格の取得ができる。

（4）開発途上国を支えるスポーツの職業

　近年の国際情勢から、国と国との友好関係を構築することは非常に重
要なことである。また、先進国が開発途上国に対して国の発展に貢献す
ることは、先進国の責務といえる。わが国では、政府開発援助（ODA）
を通して開発途上国の経済発展や教育・福祉の向上を図るために多額の
税金を投じて援助・出資を行なっている。特に独立行政法人国際協力機
構（以下、JICA）がこの中心となり活動を行なっている。JICAは体育
教員・スポーツの指導者を開発途上国に派遣し、スポーツの普及を通し
て国家の発展に尽力している。

　「青年海外協力隊でのスポーツ指導者」
　青年海外協力隊でのスポーツ指導者は、体育教員またはスポーツ指導
者として開発途上国に2年間派遣される。体育教員で赴任した際は、現
地の学校で体育の授業を実施する。教員として派遣され、子どもたちに
教育を行うことは国家の繁栄に繋り重責を担うことになる。一方、各競

技種目のスポーツ指導者の場合、開発途上国でのスポーツの振興を担うほか、国際スポーツ大会における競技力向上を図る役割も与えられる。近年では、国際スポーツ大会でのメダル獲得数が国力として位置付く傾向にあり、国際スポーツ大会での勝敗は非常に重要な意味合いを持っている。このことから、開発途上国における各競技種目のスポーツ指導者は重責を担っている。

　開発途上国における体育教員の場合、「保健体育」の教員免許の取得が必要であり、一定年数の実務経験も必要となってくる。したがって、開発途上国での体育教員を希望するものは、わが国での教員採用試験の合格が求められる。スポーツ指導者の場合、指導する競技の競技歴と指導経験が求められる。特に指導者資格の取得は求めていないが、開発途上国におけるスポーツ指導の質の向上を図るためにも、日本スポーツ協会が発行している各種スポーツ指導者資格の取得が望ましい。また、開発途上国での指導に携わることから最低限の語学（英会話）の能力も求められる。

引用参考文献

第1章　スポーツ政策の基礎知識

1．スポーツの可能性
　山本徳郎　『教育現場での柔道死を考える』、かもがわ出版、2013年
　山本徳郎　「スポーツにおける暴力とは何か」『日本のスポーツ界は暴力を
　　克服できるか』、かもがわ出版、2013年
　内田良　『柔道事故』、河出書房新社、2013年
　高峰修　「スポーツ統括組織のガバナンスと倫理問題への対応」『スポーツ
　　ガバナンス』　東洋経済新報社、2014
　下吹越一孝　『非営利組織の財務・会計・運営ハンドブック』、日本法令、
　　2012年
2．スポーツの公共性
　E.B.タイラー　『原始文化』比屋根安定訳、誠信書房、1962年
　パーソンズ・T.（タルコット）『文化システム論』、ミネルヴァ書房、
　　1991年
　内閣府　『「新しい公共」に関する取り組みについて』、2012年
　鈴木崇弘『シチズン・リテラシー』、教育出版、2005年
3．スポーツと政策
　安章浩、新谷浩史『変動期の公共政策』、学陽書房、2014年
　西尾勝　『行政学（新版）』、有斐閣、2001年
　森田朗　『(改訂版) 現代の行政』　放送大学教育振興会、2000年
　体力つくり国民会議　『体力つくり関係予算調べ』、2012年
　文教制度調査会編纂　『戦後文部省25年史』　文教制度調査会、1972年
　文部省　『学制百年史』、帝国地方行政学会、1972年

第2章　スポーツの状況と取り巻く社会環境

1．スポーツを取り巻く現状
　龍ケ崎市教育委員会スポーツ推進課『スポーツ推進計画策定に係る市民意
　　識調査報告書』、2017年

引用参考文献

スポーツ庁『体育・スポーツ施設状況調査』、2015年

公益財団法人　笹川スポーツ財団　『公共スポーツ施設の整備財源と維持補修に関する研究報告書』、2013年

公益財団法人　笹川スポーツ財団　『スポーツライフ・データ2012-スポーツライフに関する調査報告書』、2011年

2．わが国が抱える社会問題とスポーツ

内閣府『平成26年度高齢社会白書』、2014年

中央教育審議会『子どもを取り巻く環境の変化を踏まえた今後の幼児教育の在り方について　―子どもの最善の利益のために幼児教育を考える―』、2005年

厚生労働省『平成27年度　国民生活基礎調査』、2015年

厚生労働省『平成28年度版　国民労働白書』、2016年

公益財団法人　笹川スポーツ財団『子どものスポーツライフ・データ2015』、2015年

3．国際社会の変化と問題

総務省『平成28年度版情報通信白書』、2016年

IOC ：「MARKETING FACT FILE」http://www.olympic.org/Documents/IOC_Marketing/OLYMPICMARKETING-FACT- FILE-2012.pdf

AFP通信：http://www.afpbb.com/articles/-/3094527

第3章　スポーツの組織

土岐寛、平石正美、外山公美、石見豊著『現代行政のニュートレンド』、株式会社北樹出版、2011年

加藤一明、加藤芳太郎、佐藤竺、渡辺保男著『行政学入門』、株式会社有斐閣、昭和41年

真渕勝著『行政学案内』、株式会社慈学社出版、2009年

村上弘・佐藤満編著『よくわかる行政学』、株式会社ミネルヴァ書房、2009年

新日本有限責任監査法人「スポーツ庁の在り方に関する調査研究事業」報告書、平成26年3月

文部省　『学制百二十年史』、株式会社ぎょうせい、平成4年9月

岡田正則・榊原秀訓・大田直史・豊島明子著『現代自治選書　地方自治のしくみと法』、（株）自治体研究社、2014年10月

風間規男編『行政学の基礎』、一藝社、2007年3月

「スポーツ庁の在り方に関する調査研究事業」報告書　平成26年3月新日本有限責任監査法人

総務省ホームページ：http://www.soumu.go.jp/gapei/gapei2.html（2017年3月21日閲覧）

菊幸一、斎藤健司、真山達志、横山勝彦編『スポーツ政策論』、株式会社成文堂、2011年

池田勝、守能信次編『講座・スポーツの社会科学4　スポーツの政治学』、株式会社杏林書院、1999年10月

浅見俊雄・宮下充正・渡辺融編『現代体育・スポーツ大系第4巻　体育・スポーツの振興』、株式会社講談社、昭和59年

文部科学省スポーツ推進会議「スポーツ推進会議　第2回　配布資料」、平成28年6月14日

新日本有限責任監査法人「スポーツ庁の在り方に関する調査研究事業」報告書、平成26年3月

文部科学省ホームページ：http://www.mext.go.jp/（2017年3月20日閲覧）

独立行政法人　日本スポーツ振興センターホームページ：http://www.jpnsport.go.jp/（2017年3月20日閲覧）

独立行政法人　日本スポーツ振興センター「日本スポーツ振興センターパンフレット2016」

文部省著『学制百二十年史』、株式会社ぎょうせい、平成4年

日本体育協会ホームページ：http://www.japan-sports.or.jp/（2017年3月20日閲覧）

公益財団法人 日本体育協会 定款

公益財団法人日本体育協会「平成28年度 事業計画及び予算書　平成28年4月1日から平成29年3月31日まで」

財団法人日本体育協会発行『日本体育協会七十五年史』、財団法人日本体育協会、昭和61年

公益財団法人　日本体育協会ホームページ（http://www.japan-sports.

引用参考文献

or.jp/）（2017年3月21日閲覧）

公益財団法人　日本オリンピック委員会ホームページ：http://www.joc.
or.jp/（2017年3月21日閲覧）

公益財団法人　日本オリンピック委員会：「平成２８年度 事業計画」

菊幸一、斎藤健司、真山達志、横山勝彦編『スポーツ政策論』、株式会社
成文堂、2011年

関春南著『戦後日本のスポーツ政策-その構造と展開』、株式会社大修館書
店、1997年

第4章　スポーツ財政

１．日本のスポーツ財政

村上弘・佐藤満　編著「財政制度と予算・決算」『よくわかる行政学』、ミ
ネルヴァ書房：京都．2009年、pp.86-95.

文部科学省「地域スポーツに関する基礎データ集」、2015年

笹川スポーツ財団「スポーツ庁の設置形態に関する研究」、2013年

月刊体育施設「2015年度スポーツ施設・体力つくり関係府省予算（案）
概要」、2015年4月．pp.20-29.

真渕勝『行政学』．有斐閣、2009年

笹川スポーツ財団「スポーツ行政における公共部門の役割に関する研究」、
2012年

２．日本スポーツ振興センターとその財源

日本体育・学校健康センター編著『スポーツ振興くじ制度の創設と展開
toto すべてのスポーツのために』、ぎょうせい、2002年5月

日本スポーツ振興センター『平成26年度業務実績報告書』、2015

日本スポーツ振興センターウェブサイト　http://www.jpnsport.go.jp/
sinko/josei/kikin/tabid/84/Default.aspx

３．ＪＯＣ・日本体育協会と予算

行政刷新会議（2009）「民間スポーツ振興費等補助金」事業仕分け評価コ
メント．

※本文中の財政や予算等の数字は、インターネット上の文部科学省、財務

215

省、日本スポーツ振興センター、日本体育協会、日本オリンピック委員会などの各ホームページより引用・抜粋した。

第5章　スポーツと法

高橋明弘著『法学への招待―社会生活と法』、株式会社法律文化社、2013年

西口竜司、近江直樹著『ファーストステップ法学入門』、(株) 中央経済社、2014年

三村寛一編著『スポーツ指導者のためのスポーツと法』、嵯峨野書院、2011年

小笠原正、塩野宏、松尾浩也編集代表『スポーツ六法2008』、株式会社信山社、2008年

笹川スポーツ財団発行『スポーツ白書2017スポーツによるソーシャルイノベーション』、笹川スポーツ財団、2017年

日本スポーツ学会監修『標準テキスト　スポーツ法学』、株式会社エイデル研究所、2016年

関春南『戦後日本のスポーツ政策』、大修館書店、1977年

日本スポーツ法学会『詳解スポーツ基本法』、成文堂、2011年

衆議院文教委員会議録

参議院文教委員会議録

武蔵野美術大学身体運動文化研究所編『スポーツ・健康と現代社会』、株式会社武蔵野美術大学出版局、2015年

吉田勝光、吉田隆之著『文化条例政策とスポーツ条例政策』、株式会社成文堂、2017年

第6章　スポーツ政策課題

1．スポーツと国際問題

河野一郎「オリンピックと国境」『体育の科学vol.60』　杏林書院、2010年

海老島　均「ラグビー日本代表論」『現代スポーツ評論』　創文企画、2012年

2．障がい者スポーツとノーマライゼーション

石垣健二「『身体的な感じ』とは何か―対話を『身体的にするもの』についての考察―」『体育・スポーツ哲学研究34(2)』、2012年、pp107-124。

日下部隆則「障害当事者からみたパラリンピック考」同志社大学スポーツ政策フォーラム発表資料、2017年

障がい者総合研究所「『障がい者アスリートの雇用』に関する調査」、2016年

高橋明『障害者とスポーツ』、岩波書店、2004年

藤田紀昭「アダプテッド・スポーツが社会に与えた影響」矢部京之助・草野勝彦・中田秀雄編『アダプテッド・スポーツの科学～障害者・高齢者のスポーツ実践のための理論～9章[2]』、2004市村出版

ブラインドサッカー協会ウェブサイト　http://www.b-soccer.jp/

渡辺富夫「身体的コミュニケーションにおける引き込みと身体性」『ベビーサイエンス』2002年、4-12。

3．スポーツボランティアの意義と活用

田尾雅夫・川野祐二編著「定義、そして、本質を考える」『ボランティア・NPOの組織論－非営利の経営を考える－』、学陽書房、2004年、pp.12-24.

中央教育審議会「青少年の奉仕活動・体験活動の推進方策等について」答申、2002年

笹川スポーツ財団「スポーツライフ・データ2012－スポーツライフに関する調査報告書」、2012年

内藤正和「地域のスポーツイベントにおけるボランティア活動に関する研究－依頼型のボランティアに着目して－」『愛知学院大学心身科学部紀要5』、2009年、pp.7-15.

桜井政成「複数動機アプローチによるボランティア参加動機構造の分析－京都市内のボランティアを対象とした調査より－」『The Nonprofit Review. 2-2』、2002年、pp.111-122.

遠藤雅彦『東京マラソン』、ベースボール・マガジン社、2008年

内藤正和「大学生のスポーツ・ボランティ参加に関する研究－活動へのニーズに着目して－」『日本体育・スポーツ政策学会第17回大会プログラム』、2007年、pp.13-14.

松岡宏高、小笠原悦子「非営利スポーツ組織を支えるボランティアの動機」
『体育の科学52-4』、2002年、pp.277-284.

東京マラソン財団（2015）2014年度正味財産増減計算書.

4．労働者としてのスポーツ

広瀬一郎（編）「法務のケース・スタディー」『スポーツMBA』、創文企画、
2006年、pp.123-182.

国税庁ホームページ　https://www.nta.go.jp/shiraberu/zeiho-kaishaku/
shitsugi/inshi/12/09.htm

．原田宗彦編著「プロ契約とスポーツ・エージェント」『スポーツ産業論
第5版』、杏林書院、2011年、pp.253-265.

原田宗彦（編著）「権利ビジネスとしてのスポーツ」『スポーツ産業論第5
版』、杏林書院、2011年、pp.266-279.

備前嘉文、原田宗彦「スポーツ選手が消費者の購買行動に及ぼす影響：
商品推奨者としての役割」.『スポーツマネジメント研究2(1)』、2010年、
pp.19-32.

5．スポーツと人権

村井実　『人間の権利』講談社　1996

島沢優子　『桜宮高校バスケット部体罰事件の真実』、朝日新聞出版社、
2014年

辻口信良、岡村英裕「柔道女子トップアスリートの悩みと苦しみと　優し
く強い彼女たちと共に」『日本のスポーツ界は暴力を追放できるか』、
かもがわ出版、2013年

6．地域におけるプロスポーツの役割

河井孝仁『シティプロモーション～地域の魅力を創るしごと～』、東京法
令出版。

川崎市『川崎市シティプロモーション戦略プラン』、2015年

シビックプライド研究会編『シビックプライド－都市のコミュニケーショ
ンをデザインする』、宣伝会議、2008年

シビックプライド研究会編『シビックプライド2【国内編】－都市と市民
のかかわりをデザインする』、宣伝会議、2015年

日本経済研究所「Ｊクラブの存在が地域にもたらす効果に関する調査」、
2009年

真山達志『政策形成の本質　現代自治体の政策形成能力』、成文堂、2001年

宮脇淳・若生幸也『地域を創る!「政策思考力」入門編』、ぎょうせい、2016年

7．国民体育大会の可能性

伊藤公「国民体育大会」『最新スポーツ大事典』大修館書店、1987年

日本体育協会　『国民体育大会開基準要項（第46次改訂）』、2014年

日本体育協会　『国民体育大会開催基準要項細則2014年改定』、2014年

高知県知事室　『「高知県概論」橋本大二郎の講演』、2003年

日本体育協会　『新しい国民体育大会を求めて〜国体改革2003〜』、2003年

日本体育協会　『21世紀の国体像〜国体ムーブメントの推進〜』、2013年

8．スポーツイベントと地域振興

日本イベント産業振興協会『スポーツイベントで社会を元気に（改訂)』、2014年

間宮聰夫、小林淑一、野川春夫『実践・イベント学入門』、サイエンティスト社、2003年

9．トップアスリートの支援

日本オリンピック委員会ウェブサイト　http://www.joc.or.jp/training/ntc/eliteacademy.html

日本オリンピック委員会ウェブサイト　http://www.joc.or.jp/about/athnavi/outline/

コークリー・J：影山健他訳『現代のスポーツ：その神話と現実』、童話書院、1982年

10．大規模スタジアムの建設と維持・活用

日本スポーツ振興センターウェブサイトhttp://www.jpnsport.go.jp/kokuritu/sisetu/tabid/421/Default.aspx

スタジアム建設募金団体ウェブサイト　　http://www.field-of-smile.jp/

原田宗彦　編著「権利ビジネスとしてのスポーツ」『スポーツ産業論第5版』、杏林書院、2011年、pp.266-279.

原田宗彦・間野義之　編著「スポーツファシリティと指定管理者制度」『スポーツファシリティマネジメント』、大修館書店、2011年、pp.49-68.

原田宗彦・間野義之　編著『「スポーツファシリティとスポーツ政策」ス
ポーツファシリティマネジメント』大修館書店、2011年、pp.69-88.

11. スポーツと政治

阿部斉、新藤宗幸、川人貞史著、『概説　現代日本の政治』、財団法人東京
大学出版会、1990年

池田勝、守能信次編、『講座・スポーツの社会科学4　スポーツの政治学』、
株式会社杏林書院、1999年

友添秀則、岡出美則編著、『教養としての体育原理—現代体育・スポーツ
を考えるために』、株式会社大修館書店、2005年

井上俊、菊幸一編著、『やわらかアカデミズム・〈わかる〉シリーズ　よく
わかるスポーツ文化論』、株式会社ミネルヴァ書房、2012年

友添秀則編著、『やわらかアカデミズム・〈わかる〉シリーズ　よくわかる
スポーツ倫理学』、株式会社ミネルヴァ書房、2017年3月

12. スポーツ活動の場（スポーツにおける公共と民間の境界）

井上　俊・伊藤公雄　編　『政治・権力・公共性』、世界思想社、2011

齋藤　純一　『公共性』、岩波書店、2010

文部科学省：総合型地域スポーツクラブ育成マニュアル

13. 地域政策におけるスポーツの活用

新潟県ウェブサイト

http://www.pref.niigata.lg.jp/kenminsports/1191256241268.html

愛知県ウェブサイト　http://www.pref.aichi.jp/0000000377.html

菊幸一他編著「自治体スポーツ行政の実務と課題」『スポーツ政策論』、成
文堂、2011年、pp.320-327.

堀繁他編著「スポーツのもつ可能性とまちづくり」『スポーツで地域をつ
くる』、東京大学出版、2007年、pp.3-25.

木田悟、小嶋勝衛、岩住希能「サッカーワールドカップ大会における社会
的効果に関する考察：サッカーワールドカップ開催を契機とした地域活
性化に関する研究　その2（都市計画）」『日本建築学会技術報告書23』、
2006年、pp.427-432.

菊幸一他編著「社会的政策－スポーツを核とした地域連携－」『スポーツ
政策論』、成文堂、2011年、pp.370-376.

14. スポーツでの国際協力（スポーツを海外で教えることの意味）

引用参考文献

齊藤一彦、岡田千あき、鈴木直文編著『スポーツと国際協力―スポーツに秘められた豊かな可能性』、大修館書店、2015年

浜野　隆著『国際協力論入門―地域と世界の共生―』、角川書店、2002年

NGO活動教育研究センター、『国際協力の地平線―21世紀に生きる若者へのメッセージ』、昭和堂、2002年

SPORT FOR TOMORROW公式サイト：http://www.sport4tomorrow.jp/jp/

15. 国際スポーツ大会からみる世界地図

総務省統計局　『世界の統計2017』

外務省　「世界と日本のデータを見る」http://www.mofa.go.jp/mofaj/area/world.html

IOC ホームページ　https://www.olympic.org/national-olympic-committees

FIFA ホームページ　https://www.fifa.com/associations/index.html

16. 近代オリンピックのこれから

ジム・パリー、ヴァシル・ギルギノフ著、舛本直文訳著者『オリンピックのすべて―古代の理想から現代の諸問題まで―』、大修館書店、2008年

友添秀則編者『現代スポーツ評論30』、創文企画、2014年

JOCホームページ　http://www.joc.or.jp/olympism/agenda2020/

公益財団法人日本陸上競技連盟 、『JAAFVISON2017』

17. 政策手段としての伝統スポーツの取り扱い

寒川恒夫監修『21世紀の伝統スポーツ』、大修館書店、1995年

土佐　昌樹　編著、『東アジアのスポーツ・ナショナリズム　国家戦略と国際協調のはざまで』、ミネルヴァ書房、2015年

A・グットマン（谷川稔ら訳）、『スポーツと帝国-近代スポーツと文化帝国主義』、昭和堂、1997年

村田翼夫著『タイにおける教育発展　国民統合・文化・教育協力』、東信堂、2007年

18. スポーツとギャンブル

紀田　順一郎　『日本のギャンブル』、中央文庫、1986年

山本　雅男　『イギリス文化と近代競馬』、彩流社、2013年

市川　徹　『BIG　スポーツ振興くじtoto官民共同経営　事業再構築の

1300日』、幻冬社、2009年

19. スポーツの広がりとライセンス（資格）

阿形健司「職業資格の効用をどう捉えるか」『日本労働研究雑誌. 52(1)』、2010年 pp.20-27.

公益財団法人健康・体力づくり事業財団「我が国の運動・スポーツ指導者の「資格」」『月刊健康づくり. 467』、2017年、pp.4-5.

河野志穂「大学における資格・検定取得支援の現状と背景－経済・経営・商学系市立大学の大学案内にみる資格・検定講座の背景状況－」『大学教育年報. 4』、2008年、pp.37-56.

20. スポーツに関連する職業

笹川スポーツ財団『スポーツ白書　2017』、2017年

観光庁「スポーツツーリズム推進基本方針―スポーツで旅を楽しむ国・ニッポン―」、スポーツ・ツーリズム推進連絡会議、2011年

公益社団法人日本キャンプ協会ホームページ：www.camping.or.jp

公益社団法人日本体育協会ホームページ：http://www.japan-sports.or.jp

日本観光士会ホームページ：http://www.jtcc.jp

プロジェクトアドベンチャージャパン著『クラスのちからを生かす：教室で実践するプロジェクトアドベンチャー』、みくに出版、2013年

齊藤一彦ら編著『スポーツと国際協力　スポーツに秘めた新たな可能性』、大修館書店、2015年

執筆者一覧

時本　識資（駿河台大学　現代文化学部　教授）
　　第1章　スポーツ政策の基礎知識
　　第6章　スポーツと人権
　　　　　　国民体育大会の可能性

田畑　亨（流通経済大学　スポーツ健康科学部　准教授）
　　第2章　スポーツの状況と取り巻く社会環境
　　第3章　スポーツの組織
　　第5章　スポーツと法
　　第6章　スポーツと国籍問題（国際大会出場をめぐる資格について）
　　　　　　スポーツと政治
　　　　　　スポーツ活動の場（スポーツにおける公共と民間の境界）
　　　　　　スポーツでの国際協力（スポーツを海外で教えることの意味）
　　　　　　国際スポーツ大会からみる世界地図
　　　　　　近代オリンピックのこれから
　　　　　　政策手段としての伝統スポーツの取り扱い
　　　　　　スポーツとギャンブル
　　　　　　スポーツに関連する職業

内藤　正和（愛知学院大学　心身科学部　講師）
　　第4章　スポーツ財政
　　第6章　障がい者スポーツとノーマライゼーション
　　　　　　スポーツボランティアの意義と活用
　　　　　　労働者としてのアスリート
　　　　　　地域におけるプロスポーツの役割
　　　　　　スポーツイベント開催と地域振興の関係
　　　　　　トップアスリートの支援（育成からセカンドキャリアまで）
　　　　　　大規模スタジアムの建設と維持・活用
　　　　　　地域政策におけるスポーツの活用
　　　　　　スポーツの広がりとライセンス

はじめて学ぶスポーツ政策

2019 年 9 月 25 日　初版発行

著　　者　時本 識資・田畑 亨・内藤 正和

発 行 者　水口 長

発 行 所　㈱アイオーエム

　　　　　〒 141-0033　東京都品川区西品川 2-9-13

　　　　　電話 03-6420-3741　Fax03-6420-3740

ISBN978-4-900442-59-7

Printed in Japan　©TunetuguTokimoto